U0142486

認知症者
之權利保障論
——認知症之法律處方箋

萬國法律事務所／著

五南圖書出版公司 印行

　　依台灣失智症協會的統計及推算，至 2022 年底為止，台灣 65 歲以上的高齡者中，約有 30 萬 7,000 人（即約 7.54%）是認知症（dementia，即失智症）者。亦即，每 13 位高齡者中，即有 1 人為認知症者；而且隨著超高齡社會的到來及認知症盛行率的增加，認知症者的比例將逐步升高，至 2070 年，高齡者中認知症者的比例，預估更將達到 12.76%，即約 83 萬 9,000 人。由此可見，認知症者的增加，將是難以避免的趨勢。

　　因此，如何正確認識「認知症」為何並認知上述趨勢的到來，且及早因應認知症者增加所帶來的議題，包括：以認知症者為「主體」的權利保障（而非僅是受保護的「客體」）應如何實踐？如何確保認知症者的平等及不受歧視、不受虐待，以及確保有效行使自主權利？認知症者如何預為醫療、照護、財產、生活事務等各面向的預為準備及全面規劃？甚至進一步推動社會理解、認識、認同並實踐與認知症者共生等，實至為重要且刻不容緩之課題。

　　萬國法律事務所自 1974 年創立以來，除持續提供高齡者當事人關於醫療照護決定、生前財產管理、生後財產處分等規劃、契約擬定等服務外，基於台灣將邁入超高齡社會的趨勢下，於 2019 年更進一步成立「超高齡社會法制研究會」，

集合對相關議題具有研究或經驗的律師及法律專業人士，投入研究、檢討超高齡社會所伴隨的各項法制議題，並定期舉辦座談會、邀請專家演講等，從法律專業面預為充分準備，並藉此提供客戶更專業及多元的服務。

「超高齡社會法制研究會」基於研究所累積之心得及成果，已於 2022 年出版《迎向超高齡社會的超前部署 —— Let's Do ATP!》一書，對於因應超高齡社會的即將到來，高齡者應如何就醫療、照護、財務及善生等各方面，善用工具及配合專業人員，預為「全面超前部署計畫」（advance total planning, ATP），提出倡議及分享，出版後廣受好評。

為因應上述認知症者增加的趨勢，「超高齡社會法制研究會」再次集結研究心得，出版《認知症者之權利保障論 —— 認知症的法律處方箋》一書，明確揭櫫「認知症者是主體」，享有權利，且其權利行使應受保障，同時為因應認知症，亦提出法制面之建議，以作為認知症病徵之法律處方箋。希冀對於認知症者自主權的保障、預為準備，並推動認知症友善社區、深化共生社會的建立，能有所幫助！

萬國法律事務所創所律師
陳傳岳
2023 年 9 月吉日

序二

萬國法律事務所「超高齡社會法制研究會」第二本專書《認知症者之權利保障論──認知症之法律處方箋》付梓，甚感欣喜。

2022 年本所超高齡社會法制第一本專書《迎向超高齡社會的超前部署──Let's Do ATP!》出版，蒙各界賜教與正向回饋，萬國得以為社會貢獻所長，不負創所初衷，此欣喜之一；本所 1974 年 10 月 7 日成立，即將迎來第 50 年，仍有前瞻的眼光、研究的熱忱、社會的關懷、執行的動力，此欣喜之二；今年萬國法律基金會成立「萬國法規暨政策研究中心」，發展重心包括：國家發展及國家安全法制、能源法制、高齡者法制、數位法制、企業永續、文化創意，也持續關注社會新興議題，適時調整發展策略及重心，奠基在過往高齡者法制研究的基礎上，更進一步，此欣喜之三。

樂齡生活面臨的挑戰，包括認知症者增加對個人及社會帶來的影響。本書匯聚研究成果，深入關注認知症者於「超高齡社會」可能面對的問題，並探討超高齡社會中，認知症者應定位為權利主體、而非權利客體之重要意義。

基於認知症者之權利主體性，本書首先說明認知症者本即享有的權利保障、其得行使的自主權、平等和不受歧視

權、不受虐待權，以及友善的司法等相關權利；並且認知症者在陷入全面喪失意思能力前，可及時就本人的醫療照護、財務、生活事務、子女照顧，甚且身後事務等預為準備、超前部署，透過5W1H的設問及案例演習，使讀者更容易掌握實踐方法；最後，希望本書能提升各界對認知症者的理解與認識，跳脫「保護者」與「受保護者」的二分法，構建並邁向認知症友善社區及深化共生社會。

　　認知症者應受關注的議題，從來不應僅止於醫療面向的症狀延緩，或照護面向的身體機能維持。本書的出版，期待有助推動小至社區、大至國家社會的整體支援，將隱含有上下權利關係的保護─受保護關係，轉化為與認知症者視角平等、互相尊重、共存共好的友伴互助關係，乃為至盼。

萬國法律事務所所長

郭雨嵐

2023年9月吉日

　　迎向 2025 年台灣即將邁入超高齡社會之進程，高齡者增加之趨勢已是現在進行式。為因應超高齡社會之來臨，萬國法律事務所於 2019 年成立「超高齡社會法制研究會」（超高研），邀集同仁投入超高齡社會法制相關議題之研究，並基於「預為準備（advance planning）、超前部署（planning ahead）」之理念，先於 2020 年 7 月 17 日舉辦「迎向超高齡社會，您更需要律師」研討會，緊接於 2022 年出版《迎向超高齡社會的超前部署──Let's Do ATP!》乙書，提出理解、認識、認同及實踐「全面超前部署計畫／預立樂活善生計畫」（advance total planning, ATP），作為迎向超高齡社會來臨之因應做法。

　　再者，於高齡者增加之趨勢下，不可避地將伴隨著「認知症者」（people with dementia）之增加。是在基於「預為準備、超前部署」之理念，藉由實踐 ATP 以因應超高齡社會之來臨外，勢必同時須重視及面對認知症者增加之課題。從而，自 2021 年起，超高研即以「認知症」為主題，投入「認知症」相關議題之研究共學。本書即是有關「認知症」相關議題研究共學之整理。總結而言，關於「認知症」，應立於「認知症者本位」，採取「人權模式」（human rights-based model），重視「認知症者」之「生活面」，回歸「認知症者」

是權利主權，其權利享有及行使應受保障，應與非「認知症者」受到平等對待，並獲得最大支援，以行使其權利；而不是傾斜於「醫療本位」，遂行「保護模式」，而偏重在「認知症者」之「疾病面」，定位「認知症者」是受保護客體。

是以，本書爰以「認知症者」之權利保障為立論，主要論述說明「認知症者」之自主權、平等及不受歧視權、不受虐待權及近用司法權，強調應尊重「認知症者」之主體性，並保障「認知症者」之權利享有及行使，藉此嘗試對於目前普遍存在於台灣社會上之認知症法律病徵，提出治療之法律處方箋，並祈在大家的共同努力下，台灣社會的認知症法律病徵，能夠獲得一點改善痊癒的機會及成果，而有助於在台灣建置更多的「認知症友善社區」（dementia friendly communities, DFCs），進而提升、強化台灣持續發展為一個更整體全面，而人人皆得自在心安地生活的「共生社會」（inclusive society），是所至盼！

最後，感謝超高研所有成員在業務繁忙下，仍熱心參與共學、費心執筆及分享心得。同時，也對蒞臨超高研例會惠賜有關「認知症」議題精采演講的專家，致上十二萬分的謝意。讓我們一起尊重、友善，與「認知症者」一起共生吧！

黃三榮

2023 年 8 月吉日

目次

Chapter 4 認知症者之不受虐待權

Chapter 5　認知症者之近用司法權

Chapter 6　認知症者之預為準備、超前部署

Chapter 7　構建認知症友善社區，深化共生社會

圖目錄

表目錄

BOX目錄

Chapter 1
認知症者之權利保障

- 認知症者（people with dementia）之增加，已是台灣社會正在面對的趨勢及必須因應的課題，而政府的因應對策是什麼？我們對認知症又有什麼理解、認識？對認知症者所應採取之基本態度又是什麼？

- Chapter 1 將簡單介紹認知症者之增加趨勢及政府所提出及推動的因應對策，同時說明就認知症應有之基本理解及認識，進而揭櫫 (1) 認知症者是享有權利之主體（subject），不是被保護之客體（object），以及 (2) 認知症者之權利行使應受保障，並非僅是享受福利而已之基軸。

《聲明》

◎本書所提供內容，並非就特定、個別事件，予以論述說明所涉法律、醫療、照護、財務處理等之專業具體意見及建議。亦不適合直接地適用予特定、個別事件之理解與處理。如有涉及特定、個別事件之具體規劃與處理，建議仍應直接諮詢法律、醫學、財務等相關專家為要，謹此聲明及提醒。

◎另本書論述內容係屬執筆者個人意見，並不代表執筆者所任職萬國法律事務所之立場，併請諒察。

1-1 認知症者的增加趨勢及因應對策

1-1-1 認知症者的增加趨勢

依台灣失智症協會於 2011 年受行政院衛生福利部（衛福部）委託，所進行之認知症流行病學調查結果，以及台灣失智症協會依內政部 2021 年 12 月底人口統計資料估算：「台灣 65 歲以上老人共 4,085,793 人，其中輕微認知障礙（MCI）有 735,023 人，佔 17.99%；失智症有 30 萬 7,931 人，佔 7.54%（包括極輕度失智症 12 萬 5,890 人，佔 3.08%，輕度以上失智症有 182,041 人，佔 4.46%）。也就是說 65 歲以上的老人約每 13 人即有 1 位失智者，而 80 歲以上的老人則約每 5 人即有 1 位失智者。依此流行病學調查之結果，每五歲之失智症盛行率分別為：65～69 歲 3.40%、70～74 歲 3.46%、75～79 歲 7.19%、80～84 歲 13.03%、85～89 歲 21.92%、90 歲以上 36.88%，年紀愈大盛行率愈高，且有每五歲盛行率倍增之趨勢。[1]」換言之，隨著高齡者年齡的增加，認知症的盛行率愈高。

另根據行政院國家發展委員會（國發會）的統計資料，2018 年 3 月台灣超過 65 歲的人口已經達到 14.6%，台灣正式進入所謂的「高齡社會」，並且預估將在 2025 年進入「超高齡社會」[2]。如依此預估，到 2025 年時，台灣就是一個「超高齡社會」，走在路上碰到的人，5 位之中就有 1 位是 65 歲以上

---

[1] 台灣失智症協會網站介紹，http://www.tada2002.org.tw/About/IsntDementia（最後瀏覽日：2023年11月10日）。

[2] 國發會網站介紹，http://ndc.gov.tw/Content_List.aspx?n=695E69E28C6AC7F3（最後瀏覽日：2022年7月9日）。

的人口。因此，基於高齡者增加之趨勢及流行病學研究顯示，隨著高齡者年齡的增加，認知症的盛行率將愈高，故高齡認知症者之增加，於台灣將是不可避而明確可見的趨勢。衛福部並「估算2019年底台灣失智症人口已超過29萬人，2031年失智人口將倍增至逾46萬人，屆時每100位台灣人就有超過2位失智者；2061年失智人口將逾88萬人，等於每100位台灣人有超過5位失智者，未來的46年，台灣失智人口數將以平均每天增加36人的速度成長」[3]。進而，如何因應此高齡認知症者增加之趨勢，亦成為台灣社會必須面對的一個重要課題，自不待言。

BOX 1-1　「失智」？「認知」？

- 語言的力量是強大的，尤其是負面或歧視性的語言，不論是有意或無心。而「失智症」用語存在污名（stigma）、歧視（discrimination）的負面意涵，於社會上多有指摘。另外，台北市政府規劃於台北市立芝山國小設立認知症長者日照中心，於2022年8月引發學生家長抗議表示「擔憂學童與失智長者接觸，恐引發安全問題」乙情，亦可說是「失智症」用語污名化下的後遺症之一。

- 雖有另從重點並不在「失智症」用語名稱，而在因應之實際做法，以及在醫學上仍有其他認知障礙症狀，如逕稱「認知症」，於醫學鑑定上或有困難等理由，而就「失智症」改稱「認

---

[3] 衛福部於2017年12月公布「失智症防治照護政策綱領暨行動方案2.0」，https://1966.gov.tw/LTC/cp-6572-69818-207.html（最後瀏覽日：2023年11月10日）。

知症」，仍持保留態度。

- 惟基於對本人之主體性尊重及去除歧視、污名的負面意涵，加上日本自 2004 年起使用「認知症」用語迄今，亦未聞因此對其國內之醫學鑑定造成任何困難或不便等狀況而言，期待國內亦能早日形成共識，落實以「本人本位」而非偏重「醫療本位」將「失智症」改稱「認知症」。先從基礎用語調整，以「認知症者為本」，展現基本「尊重」，是朝向「認知症友善社區」（dementia friendly communities, DFCs）及「認知症共生社會」（dementia-inclusive society）邁進的必要一步！從而，本書將使用「認知症」取代「失智症」、「認知症者」取代「失智者」，以契合本書「認知症者之權利保障」主軸。

1-1-2 認知症者增加趨勢之因應對策

衛福部於 2013 年 8 月公布「失智症防治照護政策綱領（103 年～105 年）」，並結合跨部會各機關訂定行動計畫於 2014 年 9 月公告執行，續於 2017 年 12 月公告「失智症防治照護政策綱領暨行動方案 2.0」後，再於 2020 年 12 月公布「失智症防治照護政策綱領暨行動方案 2.0（含工作項目）」（下稱「綱領暨行動方案 2.0」），揭櫫「打造一個能預防及延緩失智症的友善社會，並確保失智者及其照顧者的生活品質，使其獲得所需的照護與支持，有尊嚴、受尊重、能自主及平等地發揮他們的潛能。」為願景，並設定「及時診斷、適切治療和照護、降低罹患失智症風險」等三項主要目標及提出七項策略與相關行動方案。是於綱領暨行動方案 2.0 即明揭政府因應認知症者增加趨勢之對策等。

BOX 1-2　認知症之「預防」？

- 認知症是否如同一些慢性疾病〔生活習慣病（lifestyle diseases）〕般，得透過生活習慣等之改善，而達到「預防」未來病發之效果（如預防心血管疾病之飲食習慣調整等），其實在醫學上仍存在不同的說法，並非定論。

- 而談到所謂「預防」者，通常目標是在避免未來「不好的事情／不好的結果」的發生。蓋大多數人對於未來能有「好的事情／好的結果」，「期待發生」都來不及了，大致上不至於想要「預防」才是。

- 是以，一昧地強調認知症之「預防」，其實另一面向，即代表著認知症是「不好的事情／不好的結果」，也就是說強調宣導「預防認知症」之背後，存在對於認知症之負面、成見的價值觀，是否亦是一種呈現標籤化、污名化認知症的態度而未自覺？因此，所謂認知症之「預防」，是否合適積極宣導推廣？或得再想想！

- 日本政府內閣會議於 2019 年曾決議所謂「認知症施策推進大綱」，大綱中原本明揭「預防」及「共生」如同車輛之兩輪，是推進認知症施策的基本構想；惟在社會批評下，最後修改順序為「共生」及「預防」，強調「共生」為主要、是優先，且說明所謂「預防」並非指「不要罹患認知症」，而是指「如何延遲認知症之發病」或「如何減緩認知症之惡化」，併得參考。

　　然綜觀綱領暨行動方案 2.0 內容，雖於第一章的「貳、失智症所造成的衝擊」、「二、人權面衝擊」部分，揭示「依據聯合國身心障礙者權利公約的精神，失智症者及照顧者對於與失智症相關的倡議、政策、規劃、立法、服務提供、監督和研究，都應予以賦權及參與，以保障其維護自身權利的能力。」及緊接之「(三) 自主選擇權議題」部分，另載明「對於失智者在財務、醫療、服務、居住、交通工具等各方面的自主選擇權等議題，都需在法律規範上特別研議，並納入其本人、照顧者及相關團體的意見，且政府機構人員亦須接受相關的教育訓練，了解失智症特性及如何提供適切的服務。」等重視認知症者主體面、權利面之內容，但整體而言，此綱領暨行動方案 2.0 存在：(1) 偏重「對應認知症」而輕於「尊重認知症者」；(2) 重視「認知症者」之「照顧保護」而輕於「認知症者」之「權利保障」；以及 (3) 聚焦「認知症醫療化」而輕於「認知症社會化」等問題。換言之，仍偏重先將所謂認知症定位為「疾病」，認知症者解為「病人」，再側重於「醫療本位」，而對「認知症病人」提供醫療照護為基軸。惟此基軸，在以本人為中心之健康照護（person-centered healthcare），尊重病人自主及降低社會醫療化之醫療文化演進下，是否妥適？容有商酌餘地。亦即，因應認知症者增加趨勢之對策基軸，是否應以「認知症者為中心」，而非重於「認知症之對應」、並應重視「認知症者之權利保障」，而非側重「照顧保護」，以及應將「認知症因應納入整體社會之一環」，而非持續偏重於醫療本位之「認知症醫療化」？

　　另監察院內政及少數民族委員會於 2018 年 7 月 5 日亦通過調查報告，指出「衛福部於 2017 年 12 月公告之失智症綱

領暨方案 2.0，雖已提出失智症對『人權面』之衝擊，但失智者人權保障議題仍屬停留在概念階段之主張，並未有具體之行動方案或工作項目充實之。為保障及促進失智者（people with dementia）人權，行政院及司法院允應督促所屬機關，包括：法務部、衛福部、交通部、教育部、勞動部、內政部、金管會等部會，共同致力提升社會對失智者人權保障之意識，盤點可能導致失智者無法在平等基礎上充分有效行使權利之各類阻礙，消弭歧視、移除障礙及進行合理調整，以確保落實《身心障礙者權利公約》（*Convention on the Rights of Persons with Disabilities*, CRPD）之宗旨，促進、保障與確保失智者充分及平等享有所有人權及基本自由，並促進對失智者固有尊嚴的尊重，以提升失智者人權」[4]。

　　而就監察院以上調查報告之指摘，綱領暨行動方案 2.0 固即明定「1.2 制定保障失智者人權的法規或規範」及「4.4 建立失智者與家庭知情同意、與自主醫療照護選擇、與預立醫囑與決定之規範」之行動方案。但就以認知症者為中心，重視認知症者之權利保障而言，仍顯有不足，而有待進一步努力。就認知症者的增加趨勢及因應對策，實應以「認知症者為中心」，重視「認知症者之權利保障」及將「認知症因應納入整體社會之一環」作為基軸。

---

[4] 監察院2018年7月6日新聞稿，https://www.cy.gov.tw/News_Content.aspx?n=124&sms=8912&s=12947（最後瀏覽日：2022年7月9日）。

| BOX 1-3 | 認知症友善社區（DFCs） |

- DFCs 是於 2001 年由蘇格蘭阿茲海默症協會（Alzheimer Scotland）在舉行「認知症認識週」（Dementia Awareness Week）活動時，所製作之「Creating Dementia-Friendly Communities－A Guide」中首次提出，之後即廣泛經各界使用迄今。

- DFCs 是指結合社區的整體力量，促進社區居民對於認知症之理解，具備友善認知症之理念，以消滅對於認知症之偏見、排除對於認知症之歧視，而與認知症者共生及促進認知症者之社會參與，提升認知症者之生活品質，共同構建適合認知症者居住之友善環境之謂。

- 「認知症友善社區」之「社區」，原則上固得依地理位置（如城市、鄉鎮等）予以定位，但非以此為限。例如提供服務予認知症者之服務提供者（service providers），亦得形成此「認知症友善社區」。其他如工作場域或社團所在等，均得為此「社區」。

- 再者，DFCs 與其說是於社區內設定提供所謂「新」的服務，倒不如更應重視支援社區更友善及包容認知症者，以促進認知症者得以自在地生活於所居住社區，保有所熟習之原有連結關係及網絡。

- 不過，亦有指出所謂「友善」（friendly）實帶有父權式（paternalistic）的意涵，並不建議使用，另可參 BOX 7-6。

BOX 1-4　認知症共生社會

- 世界衛生組織（World Health Organization, WHO）將之定義為「一個認知症者及照顧者完全在其中而參與其中的社會。一個認知症者及照顧者在其中，享有尊重、自由、尊嚴、平等、可近性及生活品質的社會。一個認知症者及照顧者有能力自主地生活、免除污名、歧視、剝削、暴力或虐待的社會」。

- WHO 並推出「Towards a Dementia-Inclusive Society－WHO Toolkit for Dementia-Friendly Initiatives (DFIs)」以協助社區、國家推動 DFIs，加速建立認知症共生社會。

- DFIs 是指得令社會更加包容／融入認知症者而經採行之活動。

- 另日本厚生勞働省於 2017 年定義所謂「地域共生社會」（地區共生社會）是指超越各制度、領域之「縱向劃分」、「支持者」／「接受者」般的關係，由地區居民及地區之多樣性各主體參與，透過跨越世代及領域之人與人、人和資源的連結，以共創每個居民得以生活及具有生存意義地區之社會。而此地區共生社會之居民對象，當不僅是認知症者，更包括身心障礙者、高齡者等其他全體居民。是此地區共生社會或可解為係認知症共生社會之進一步提升目標。

- 不過亦有論者指出，強調所謂「認知症」（dementia）並無必要。蓋既是共生（inclusion），當無須特別標識突顯認知症，認知症者實與非認知症者共同生活於社會，故使用「共生社會」即足，另可參 BOX 7-6。

1-2 認知症、認知能力、意思能力、行為能力及 法律能力

認知能力（cognitive ability）、意思能力（mental capacity）、行爲能力（disposing capacity）、法律能力（legal capacity）其實是不同概念，具有不同內容。惟四者常常未經區分而混淆適用。以下即簡要說明四者之差異。

1-2-1 認知症者之認知能力，是逐漸慢性退化

認知症不是一種單一疾病的名稱，而是多種不同的病因所引致的狀態（症候群）[5]。亦即，認知症是「狀態」而不是「疾病名稱」。因此，言及認知症，宜理解爲係存在多種不同病因的狀態，並非是指罹患了一種單一而名稱係爲「認知症」的疾病[6]。另言之，此「狀態」即指原本正常之認知能力，由於後天性之腦部損傷，導致持續地慢性退化，進而對於日常生活活動（activities of daily living, ADL）產生障害（impairment）之

---

[5]　衛福部醫事司，《失智症診療手冊——教師手冊》（2017年2月3版），第3頁，https://dementiafriendly.hpa.gov.tw/resources/detail/129（最後瀏覽日：2023年8月20日）。

[6]　有將dementia解爲是一個「umbrella term」，即影響到一個人認知能力的多種疾病的統稱，Kevin De Sabbata, "Dementia, Treatment Decisions, and the UN Convention on the Rights of Persons With Disabilities. A New Framework for Old Problems," *Frontier in Psychiatry*, 11 (2020), https://www.ncbi.nlm.nih.gov/pmc/articles/PMC7680726/pdf/fpsyt-11-571722.pdf（最後瀏覽日：2022年8月28日）。

情形[7]，但認知症者之意識是清楚的。是以，縱於確診認知症，實係表示臨床上前述狀態的存在，且認知症者之認知能力係「持續慢性退化」及流動地變化中，並不是一經確診罹患所謂「認知症」，即表示認知症者之認知能力已馬上完全喪失，甚至等同於已立即完全失去意思能力。另前述認知能力通常即指記憶力／功能、空間感、理解／判斷力、抽象思考能力、語言能力等[8]，是認知能力之受損，即代表前述各種能力之受損，是屬於認知症之各種病因的共通／核心症狀。另外，除以上共通／核心症狀外，另有所謂周邊症狀／精神行為症狀（behavioral and psychological symptoms of dementia, BPSD），例如睡眠障害、暴語暴力、憂鬱、妄想、不安幻覺、徘徊等[9]。

1-2-2 認知症者之病因（類型）不同，症狀即不全相同

而認知症之多種不同病因中，主要可區分為 (1) 退化性病因及 (2) 血管性病因。前者又有阿茲海默症、額顳葉型認知症及路易氏體認知症等；而後者則如腦血管認知症。另外，亦有 (3) 非因以上退化性病因及血管性病因之其他特定病因所造成之認知症，例如甲狀腺功能低下症、常壓性水腦症等。而就

---

[7] 中島健二、下濱俊、富本秀和、三村將、荒井哲明編集，《認知症ハンドブック》（株式会社医学書院，2022年2月1日第2版第3刷），第4、6頁。

[8] 台灣失智症協會「認識失智症」，http://www.tada2002.org.tw/About/IsntDementia（最後瀏覽日：2022年8月18日）。

[9] 風間直樹，〈認知症とつき合う〉，《東洋経済》，2018年10月13日，第16頁；伊東大介，〈基礎からわかる認知症〉，《東洋経済》，2018年10月13日，第18頁。

(3) 之認知症，在治療該等特定病因下，認知症是有可能根治而恢復原有的認知能力[10]。再者，不同病因之認知症，所出現的症狀亦會有所不同而不是全然一致。例如阿茲海默症較常出現的是記憶障礙，路易氏體認知症較可見的是幻覺／帕金森氏症病狀，額顳葉型認知症則會出現性格變化及反社會行動，而腦血管認知症則較出現語言、行動障礙等[11]。是以，縱於確診認知症下，需留意確認病因之不同（亦即，不同類型之認知症），並且可能不是單一病因，而不同的病因即會有不同的症狀。絕不能僅因確診認知症，即於不問病因下，逕認為所有認知症之症狀是相同而一致的。

1-2-3 意思能力與行為能力

於我國現行民法規定上，「意思能力」通常是指「對於自己行為或其效果，能正常判斷、識別及預期之精神能力，亦稱為識別能力」[12]或「能夠辨識自己的行為，將產生何種效果的精神狀態」[13]。相對於此，「行為能力」是指「能以自己的行為，

---

[10] 台灣失智症協會網頁「認識失智症」所載內容。

[11] 成本迅，〈意思決定支援のプロセスにおける意思表明支援の重要性〉，長江弘子監修、原沢のぞみ、高紋子、岩崎孝子編集，《認知症plus意思表明支援──日常生活の心地よさを引き出す対話事例》（株式会社日本看護協会出版会，2021年6月25日第1版），第2-5頁。

[12] 洪遜欣，《中國民法總則》（著者自刊，1964年10月3版），第81頁，另如將意思能力解為（mental capacity），並採所謂四能力模式（four-abilities model），則所謂具備意思能力者，即需具有理解（understanding）、認識（appreciating）、論理思考（reasoning）及表達（expressing）／溝通（communicating）的能力，可參Chapter 2-1-2-1之說明。

[13] 陳聰富，《民法概要》（元照，2019年9月13版1刷），第5頁。

取得法律上效果之能力」[14]或「能夠獨立從事有效法律行為的能力」[15]。原則上，「行為能力」之有無，需以是否具有「意思能力」為基礎[16]，且「行為能力」之有無，則是判斷得否為有效之法律行為的前提。

　　是於我國現行民法規定上，「意思能力」與「行為能力」是不同的概念[17]，具有不同的定位，雖然關係密切，卻不能等同視之。「意思能力」與「行為能力」之關係，簡單可圖示如圖1-1。而「意思能力」與「行為能力」之比較則可參如下表1-1所示。

圖1-1　「意思能力」與「行為能力」關係圖

---

[14] 洪遜欣，《中國民法總則》，第81頁。
[15] 陳聰富，《民法概要》，第5頁。
[16] 王澤鑑，《民法總則》（著者自刊，2011年8月7刷），第336頁。
[17] 「意思能力」與「行為能力」之不同，亦可參前司法行政部民國64年4月12日(64)台函民字第03282號函示，明揭「行為能力與意思能力有所不同，行為能力之有無，應依法律規定決之。意思能力之有無，則屬事實問題，有意思能力者，未必有行為能力」意旨。

表1-1　「意思能力」與「行為能力」之比較

	意思能力	行為能力
內容	理解意思效果，表示意思的能力。	得為有效法律行為，而該行為發生一定法律效果的能力。
根源	生而為人的主體性。	法律所創設之人為性。
有無之判定	(1) 特定具體個別原則。即依特定時點、就具體事項，予以個別判定是否不具備意思能力。 (2) 非抽象、劃一式地判定。	(1) 由法律設定如年齡等抽象、統一的標準，予以整體判定是否具備行為能力。 (2) 抽象、劃一式地判定。
適用對象	事實行為、法律行為。	法律行為。
發生效果	事實效果、法律效果。	法律效果。

1-2-4 認知症者之意思能力及行為能力

　　如認知能力受損，則對於自己行為或其效果所能正常判斷、識別及預期之精神能力，或能夠辨識自己的行為將產生何種效果的精神狀態，通常多會受到影響。是以，認知能力受損，固然將影響到意思能力，卻不能逕認定認知症者因此即已完全無意思能力，甚至是已成為無行為能力人。

　　基於以上說明，有關認知症者之認知能力、意思能力及行為能力，可簡要整理如下：

(1) 任何人應推定具有意思能力，除非就特定事項經評估證明係不具意思能力。

(2) 不同於行為能力之認定，意思能力有無的評估，是在特定

情況（specific situation）、於特定時間（specific time）、就特定決定／事項（specific decision/task）而進行，並非全面而一次性的（globe in scope）評估效果。亦即，並非抽象地判定意思能力之全有或全無，而應是個案性、特定性、一時性，就特定事項判定是否不具意思能力。因此，抽象地指出認知症者有無意思能力，基本上並非妥適。而應就特定事項之決定（decision-specific），予以認定認知症者就此事項是否不具有意思能力。

(3) 意思能力雖與認知能力相關，但兩者並非等同。從而，不能執認知能力之判定結果或鑑定報告，即逕行作為不具意思能力的唯一評估依據。

(4) 認知症者縱使認知能力受損，甚至出現上述 BPSD，由於認知能力是逐漸退化及流動地變化，故並不能抽象地逕行認定認知症者已陷入全面而立即地無意思能力，甚至已是無行為能力人。否則，即有對認知症者流於歧視、偏見之餘地。

(5) 認知症者對於某特定事項，雖因認知能力受損致欠缺意思能力而無法做出決定，但仍可能對於其他特定事項具有意思能力及行為能力。是以，應予認知症者就個別特定事項之意思形成、表達甚且決定，提供最大的支援協助。亦即，協助認知症者做出支援決定（supported decision making, SDM）。

(6) 認知症者之認知能力由於是逐漸退化及流動地變化，因此，正確而具體地判定認知症者於過去或未來哪一特定時點，就已發生或將發生之特定事項，是否已陷於喪失意思能力，再進而認定該特定事項所涉之特定行為（如購買汽

車等）是否發生一定之法律效力（如汽車之買賣契約是否
成立生效？），其實是困難及受到限制而無法絕對地正確。

BOX 1-5　對於「意思能力」及「認知症」之誤解

簡單整理對於「意思能力」及「認知症」之容易誤解如下：
- 等視意思能力與行為能力。
- 意思能力是全有或全無而靜態不變的抽象全面狀態。
- 認知能力受損／確診認知症，即等同於意思能力之全面欠損。
- 未區分認知症之病因，即逕認定認知症者之意思能力欠缺是不可逆而無法回復的。
- 認知症者一概就特定事項已無形成、表達甚且決定之意思能力，故應受保護。

1-2-5 認知症者之法律能力

依據 CRPD[18, 19] 第 12 條（equal recognition before the

---

[18] 本書所提及與引用CRPD之英文條文內容、中譯文及政府推動狀況等資訊，均可參照行政院衛生福利部所設置之專設網站（https://crpd.sfaa.gov.tw/），以下均同，原則上不再一一說明，尚請參酌。

[19] 有關CRPD之簡要介紹，以及基於該公約就我國成年監護制度之檢討，可參戴瑀如，〈由聯合國身心障礙者權利公約論我國成年監護制度之改革〉，載於黃詩淳、陳自強主編，《高齡化社會法律之新挑戰：以財產管理為中心》（編著自刊，2019年4月2版1刷），第55-77頁；黃詩淳，〈從身心障礙者權利公約之觀點評析臺灣之見成年監護制度〉，載於黃詩淳、陳自強主編，《高齡化社會法律之新挑戰：以財產管理為中心》，第79-105頁。復可參黃嵩立、黃怡碧，〈《身心障礙者權利公約》之落實與社會推廣 —— 臺灣經驗〉，載於陳炳仁主編，《心智能力受損者之自主及人權：醫療、法律與社會的對話》（元照，2019年6月初版），第149-170頁。

law）第 1 項：「States Parties reaffirm that persons with disabilities have the right to recognition everywhere as persons before the law.」該項重申，身心障礙者於任何地方均獲承認享有人格之權利。其意涵係為，平等對待所有人，任何人不應基於身心障礙而受到任何歧視。換言之，人生而平等，均享有人權。而同條第 2 項明文身心障礙者應於「各方面」生活領域享有與其他人同等的法律能力。所謂「各方面」享有平等之法律能力，係指身心障礙者於法律生活上之各個層面（包含財產行為、身分行為、甚至投票行為），均與非身心障礙者一樣，能夠平等地享有法律能力。換言之，身心障礙者不僅「享有」（hold）權利之能力與非身心障礙者相同，就連「行使」（exercise）權利之能力也應與非身心障礙者相同。前者係指法律能力之權利地位（legal standing）面向，而後者則係法律能力之權利行使（legal agency）面向。

　　基於 CRPD 第 12 條之意旨，應平等地對待所有身心障礙者，包含認知症者在內，任何身心障礙者都有權利享有與其他人平等的法律能力，進而在各個層面中去實現自身理想的生活方式。因此，不僅應該認同認知症者享有與其他人具備相同權利之能力，也應認同認知症者能夠與其他人一樣，享有自己行使權利之能力。而於肯認認知症者具備法律能力地位時，方能確保認知症者可以依自身意願實現其自身理想的生活方式。如此，人類身為權利主體之人性尊嚴才能得以維繫。

　　法律能力是於法律上應有之能力，而意思能力則是於精神上之能力。依 Committee on Rights of Persons with Disabilities 之 General Comment No 1（CRPD 委員會之一般性意見第 1 號）所示意見，不能基於意思能力有無而賦予或剝奪法律能

力。另法律能力並不限於財產交易面之行為能力，例如非屬財產交易之行使選舉權投票能力亦包含在內。是以，法律能力是較行為能力更廣泛的概念，並非等同於行為能力。

依民法第 75 條：「無行為能力人之意思表示，無效；雖非無行為能力人，而其意思表示，係在無意識或精神錯亂中所為者亦同。」則認知症者之意思表示是否無效，即取決於該認知症者之意思表示是否係於無意識或精神錯亂中所為。而所謂「無意識者，指完全欠缺意思能力而言。又所謂精神錯亂者，指偶然發生精神異狀，致喪失意思能力而言」[20]。亦即，前述「無意識或精神錯亂」者，得解為係指「無意思能力」情形。從而，我國前述現行民法規定，可謂係基於意思能力之有無，而賦予或剝奪認知症者之法律能力，而此即與一般性意見第 1 號所示意見存在衝突甚明。

復依 CRPD 第 12 條第 3 項[21]規定：「States Parties shall take appropriate measures to provide access by persons with disabilities to the support they may require in exercising their legal capacity.」重申應採取適當措施，以支援身心障礙者基於法律能力之權利行使時所可能需要的協助。從而，如依 CRPD 第 12 條第 2、3 項規定意旨，在認知症者基於法律能力為權利行使（為特定意思表示）時，即應採取適當措施，以支援認知症者該權利行使，而不是基於因已認定係無意識或精神錯亂中

---

[20] 洪遜欣，《中國民法總則》，第274頁。

[21] CRPD第12條第2、3項之「legal capacity」，國內學者有解為「法律權利能力」者、「行為能力」者或是「法律上能力」（包括權利能力及行為能力）者。鑑於「legal capacity」，實包含投票等非法律行為、日常交易之財產行為及結婚等身分行為，故本文稱為「法律能力」。

所為，故逕依《民法》第 75 條規定，即解為該權利行使（為特定意思表示）係屬無效。

　　基前所述，如綜合 CRPD 及我國民法規定而言，法律能力包括法律上享有權利之能力及行使權利之能力兩部分，故就此而言，法律能力之範圍顯然大於權利能力。法律能力是於法律上應有之能力，而意思能力則是於精神上之能力。故法律能力與意思能力之意涵並不相同。另法律能力並不限於財產交易面之行為能力，是較行為能力更廣泛的概念，並不是等同於行為能力。是以，法律能力、權利能力、意思能力、行為能力存有差異，不宜等視。法律能力可說是不限於權利能力、意思能力、行為能力之更廣泛的法律上能力。

1-2-6 認知症者之預為準備、超前部署

　　認知症者之認知能力，既是逐漸退化及流動地變化，且此退化如係屬不可逆轉、不可回復的情形下，則就認知症者而言，尤其是已經醫師診斷確診認知症狀者，即宜立於認知能力即將逐漸退化之預知下，及時把握現存仍具有的認知能力，而儘早就涉及己身未來之財務（finance）、醫療照護（healthcare）及生活（life）等事項預為規劃安排及管理。亦即，宜基於未來如何得與認知症狀共生共存的前提下，進行己身之財務、醫療照護及生活事項的全面超前部署計畫（advance total planning, ATP）[22]，以求符合自己需求方式的生活而至終老，並

---

[22] 有關ATP之介紹，可另參萬國法律事務所，《迎向超高齡社會之超前部署——Let's Do ATP!》（五南圖書，2022年2月1版1刷）。

降低甚至避免家屬等將承受進行代替決定（substitute decision making, SDM）之巨大壓力、爭執及衝突。當然，如有自己所關注而必須提供照顧之對象他人（如家屬等），亦可一併就該對象之財務、醫療照護及生活事項予以爲規劃安排及管理。有關認知症者之 ATP 之具體踐行，將於 Chapter 6 進一步說明。

1-3 認知症者之權利保障基軸：主體性

1-3-1 認知症者是權利主體，不是受保護客體

　　談到認知症，甚至經確診認知症後，有關本人事務之決定，本人之意思往往容易被不自覺地甚至刻意地忽視，轉以本人家屬等之意思爲主，以至於本人之尊嚴及權利輕易地被侵害。亦即，經確診認知症後，認知症者似乎立即喪失主體性而成爲受保護的客體、對象，且往往即刻被提起、馬上經想定的是，認知症者於「日常生活上」應如何受到「照顧」，於「法律權益上」該如何接受「保護」？換言之，在確診認知症下，認知症者似乎一下子即不再是具有自主性之「主體」，而成爲日常生活上必須藉他人「照顧」、法律權益上理應受他人「保護」之「客體」。

　　此由目前坊間所出版論及認知症者與法律之相關論著[23]，

---

[23] 社團法人台灣失智症協會，《因爲愛你教會我勇敢：失智症法律須知》（著者自刊，2020年12月3版1刷），https://drive.google.com/file/d/1sCb2xlCVSeAeaR57tXWr3iEkAyRrxfwQ/view（最後瀏覽日：2022年8月30日）；林致平、方瑋晨、黃麗蓉、廖國翔、李佑均，有澤法律事務所策劃，《守護失智病友的法律攻略》（新自然主義，2019年10月初版）。

通常皆是以家長父權式保護本質之監護制度（guardianship）
爲中心，探究說明如何對認知症者聲請監護宣告、如何選任監
護人、監護人職權內容等，以維護認知症者之財產權益爲主，
再擴及照顧者責任與認知症者之民刑事法律責任的分析及提出
因應做法之建議等可稽。然而，在此「保護」之大義名分下，
是否反而忽略了認知症者之主體性，並歧視、剝奪、排除了認
知症者之自主權，其實已是嚴重地侵害了認知症者之人的尊嚴
（dignity）及自主決定權（right to self-determination）。或有
認爲我國民法既已有規定「意定監護」，而賦予本人得於失去
意思能力前，預爲「選定意定監護人」，實已尊重認知症者之
主體性及保障認知症者之自主權。惟縱使在「意定監護」下，
其本質上仍是於「監護宣告」後，不問受監護宣告者之意願，
即於法律上全面剝奪受監護宣告者之行爲能力，故如將「意定
監護」之法制化等同尊重認知症者之主體性及自主權之保障，
實非妥適[24]。

　　復按，縱使確診認知症，亦未改變認知症者仍是一個人，
仍應具有人的尊嚴，於倫理上仍有自律／自主（autonomy）
之地位，在法律上仍是權利主體，享有自主權之本質。是以，
「照顧」及「保護」認知症者，固然重要而不可忽視，然以「認
知症者爲中心」（person-centered），定軸認知症者是權利主

---

[24] 菅富美枝，〈自己支援を支援する法制度　支援者を支援する法制度——イギ
リス2005年意思決定能力法からの示唆〉，《大阪社会問題研究所雑誌》，
第622期，2010年8月，第33-49頁，指出於日本就以他者介入爲本質之監護制
度，所存在對於本人「內在權利侵害性」之危險意識，似乎並未有共識。相
較於台灣，有關監護制度其實存在嚴重侵害本人自主權之面向，普遍亦未獲
重視，而有過度傾斜偏重強調本人利益之保護面向之虞。

體，並不是受保護客體，並基此定軸而與認知症者共生共存，以及制定及推動認知症者權利保障之相關政策及體制建置等，更有必要。

1-3-2 CRPD vs.認知症者之權利保障

聯合國大會於 2006 年 12 月 13 日通過 CRPD，其中第 12 條所揭意旨，身心障礙者應在法律上與他人平等，且與其他人具有同樣之法律能力，不應再以因身心障礙者不具有所謂意思能力，而為防止身心障礙者可能做出不利於自己之意思決定，即以保護身心障礙者之利益為理由，而逕剝奪身心障礙者之自主決定權，並認為身心障礙者已無法自主決定，且必須由家屬等進行代替決定，反而應是提供身心障礙者為做出自主意思決定之一切支援，而協助身心障礙者做出支援決定。換言之，不應基於意思能力有無之二分法，於認定身心障礙者不具意思能力下，即逕以代替決定機制，輕易地全面取代身心障礙者之自主決定，而應係基於身心障礙者之主體性，提供身心障礙者最大支援，以協助身心障礙者做出支援決定。而依 CRPD 委員會一般性意見第 1 號所示意見，甚且應將監護制度予以廢止。同時，一般性意見第 1 號亦指出大眾普遍未能理解以「人權為本之障礙模式」（human rights-based model of disability），就代表著從代替決定模式轉移到支援決定模式[25]。是以，立於認知症者是權利主體，不是受保護客體，而保障認知症者之權利，可謂正符合 CRPD 及 CRPD 委員會一般性意見所揭示之「人

---

[25] 一般性意見第1號第3點。

權模式」甚明。

　　我國雖未能成為 CRPD 的締約國，但於 2014 年 8 月 1 日於立法院三讀通過《身心障礙者權利公約施行法》（下稱「CRPD 施行法」），並自 2014 年 12 月 3 日正式生效施行。是以，CRPD 之內容實具有國內法效力，應受遵行。是就認知症者之權利及其保障，即應基於 CRPD 所規定之主旨、精神及內容，自不待言。

BOX 1-6　CRPD 之批准 vs. CRPD 國內法化

- CRPD 之締約國在批准及簽署 CRPD 時，有些締約國會對於部分 CRPD 條文內容採取保留（reservation）的做法。亦即，CRPD 之締約國對於部分 CRPD 條文內容如採取保留做法時，就該保留條文即無予以國內法化之義務。例如加拿大等締約國即對於 CRPD 第 12 條採取保留的做法。締約國僅就未保留之 CRPD 條文本身，負有予以國內法化之義務，但有關 CRPD 委員會就解釋 CRPD 所提出之一般性意見，則無予以國內法化之義務，甚且亦不一定必須遵循。

- 相對於此，我國並未能批准及簽署 CRPD 而成為 CRPD 之締約國，而是採取通過 CRPD 施行法之方式，直接將 CRPD 條文本身予以國內法化。復依 CRPD 施行法第 3 第條明文「適用公約規定之法規及行政措施，應參照公約意旨及聯合國身心障礙者權利委員會對公約之解釋」而言，CRPD 委員會解釋 CRPD 所提出之一般性意見，亦產生等同國內法之法律效力。

- 而 CRPD 委員會解釋 CRPD 第 12 條所提出之一般性意見第 1 號第 26 點，即要求締約國應檢視監護制度，並採取行動發

展以支援意思決定機制取代代替意思決定機制之法律及政策；進而產生我國有關監護制度之法律規定（如民法、家事事件法等），即與 CRPD 施行法規定抵觸。復依「特別法優於普通法原則」，則 CRPD 施行法之效力即應優先於民法之效力，進而產生監護制度之適用，其實是違反 CRPD 施行法之現象。

• 因此，參照 CRPD 締約國採取之前述保留做法，於 CRPD 施行法亦增訂類似保留做法之條款，或是修正前述第 3 條規定，而將 CRPD 委員會對公約之解釋，改為「得」參照，以解決上述法律衝突適用現象，或值考量。

1-3-3 認知症者之主體性：權利保障的基軸

認知症者是權利主體，而非受保護之客體，則有關認知症者之權利保障法制之建置、調整及落實，自應基於認知症者之主體性而作為主軸。是關於認知症者所涉法律議題，向來多忽略認知症者之主體性，而偏向於將認知症者視為受保護客體，立於「保護」認知症者角度，而偏重於成年監護制度、民事、刑事責任之探究，甚且是照護者責任之研析等檢討，即應予以調整，而應基於前述 CRPD 所規定之主旨、精神及內容，以認知症者是權利主體之基軸，重新調整及構建認知症者之權利保障，方屬正論。

爰此，本書於次章起，即基於前揭認知症者權利保障之基軸，以認知症者之自主權等為對象[26]，依序論述說明及檢討：(1)

---

[26] 認知症者之權利，除本書所論及之自主權、平等及不受歧視權、不受虐待權及近用司法權外，尚有如健康權、人身安全及自由等權利，固不待言。惟囿

認知症者之自主權行使（Chapter 2）；(2) 認知症者之平等及不受歧視權（Chapter 3）；(3) 認知症者之不受虐待權（Chapter 4）；(4) 認知症者之近用司法權（Chapter 5）；及 (5) 認知症者之預為準備、超前部署（Chapter 6）等議題；最後再提出 (7) 構建認知症友善社區、深化共生社會（Chapter 7）之相關建言，期能於台灣持續朝向一個維護認知症者尊嚴、保障認知症者權利、營造認知症者得安心生活之認知症友善社區、深化共生社會之進程中，如得提供些許助益者，則為甚幸！

BOX 1-7　PANEL⁺

- 鑑於認知症者不論於社區、設施，甚至居家，常常被否定人權，成為被虐待及受剝奪的被害者，WHO 於 2015 年即明揭應確保為認知症者提供以人權為本的做法（Enduring a human rights-based approach for people living with dementia）。並提出所謂 PANEL⁺ 架構，以推進尊重認知症者之權利。

- PANEL 是由英格蘭國會於 2009 年所採用，而作為以人權為本之認知症對策。目標在於確保認知症者之人權，不論認知症者是在社區或設施。而於聯合國肯認贊同 PANEL 下，WHO 再結合其他重要的人權概念及原則如上述可近性等，遂提出 PANEL⁺ 之主張。

於篇幅，本書將僅以自主權、平等及不受歧視權、不受虐待權及近用司法權為對象，而論述認知症者之權利保障，尚祈諒察。

PANEL+	意涵
參與 （participation）	指認知症者有權參與和本身相關之任何意思決定過程及有關認知症之政策制定等。同時，為強化參與之權利，並需提供認知症者利用所需資訊及相關支援。
負責 （accountability）	指公私團體、NPO、及照護認知症者之個人，均負有尊重及保護認知症者權利之責任。且應提供可利用之司法救濟途徑予認知症者。
不歧視 （non-discrimination）	指認知症者有權不被歧視及與其他人相同之平等對待，而提升、教育對於有關認知症之理解、認識是重要的。
增能 （empowerment）	指應建置認知症友善環境及賦予認知症者得於任何情形主張權利，且行使法律能力之權利，不應基於意思能力之評估。
合法 （legality）	表示所有與認知症有關的做法，必須基於聯合國人權及其他國際人權規定。
「+」代表可近性（accessibility）、透明性（transparency）、法律能力（legal capacity）及自主（autonomy）。	

Chapter 2

認知症者之自主權：
意思能力／意思決定

- CRPD 委員會固然反對以意思能力作為判斷法律能力有無之基礎，但並未否定意思能力，且不可諱言地，法律能力之權利行使，仍須以意思表示為之。因此，在我國全面貫徹施行 CRPD 所要求之支援決定機制（SDM）前，有關認知症者自主權行使之意思能力及意思決定（自主／代替、即時／預為）究竟該如何認定及行使，仍屬必須探究釐清的課題。

- Chapter 2 即就攸關認知症者之自主權行使所涉之意思能力／意思決定予以論述：(1) 先就認知症者意思能力之判定基準進行說明；(2) 分析認知症者之意思決定類型與決定流程；(3) 進一步說明包括「事項」及「人選」之預為意思決定；及 (4) 介紹認知症者之代替意思決定（包括醫療委任代理人、持續財務代理人及監護制度等）。

2-1 認知症者之意思能力再論

　　認知症者既為主體，當享有及得行使自主權；自主權之行使，當須自主意思之內部形成、對外表達，甚且進行選擇／決定；而此形成、表達及選擇／決定，即涉及認知症者之意思能力及意思決定議題。當認知症者基於本身之意思能力，就特定事項予以內部形成具體意思，並予以對外表達甚且進行意思選擇／決定時，始得謂認知症者具體行使自主權。於 Chapter 1-2-3 已先就意思能力與行為能力及其差異予以簡要說明。於此即進一步介紹攸關認知症者行使自主權之意思能力判定（如判定基準、判定結果之因應）等議題。

2-1-1 意思能力之基礎原則

　　如 Chapter 1-2-3 所說明，「意思能力」通常係指理解意思效果、表示意思的能力，其根源於生而為人的主體性，相較於此，「行為能力」則係指得為有效法律行為，而該行為發生一定法律效果的能力，乃人為透過法律所創設之概念。本節將進一步探討意思能力之內涵及其判定原則，作為判認認知症者意思能力之參考。

　　意思能力既然根源於生而為人的主體性，則基本上任何人均應被推定具有意思能力，除非就特定事項經評估證明係不具意思能力。從比較法之觀點而言，英格蘭及威爾斯於 2005 年制定，並於 2007 年生效之《意思能力法》（*Mental Capacity Act 2005*，下稱「英國 MCA 法」），從意思能力之基本原則出發，闡述意思能力之相關概念，並明文規定對於無意思能力

者之保護規範，可資作爲於此討論意思能力時之參考。

　　其中，英國 MCA 法第 1 條揭示意思能力之五大原則，前
三項原則分別爲：(1) 任何人均應被推定爲具有意思能力，除
非已可證明其不具意思能力（能力推定原則）；(2) 在提供任
何可行之協助後仍未能成功之前，任何人均不應被認爲不能做
出意思決定（最大支援原則）；(3) 任何人不應僅因做出不明
智之決定，而被認爲不能做出意思決定（避免偏見原則）。

　　在認知症者情況下，亦應爲相同之解釋。即任何人不因
一經醫師判斷確診認知症後，即謂其意思能力立即喪失或受到
限制，而仍應先推定認知症者具有意思能力，除非嗣後在特定
情況、於特定時間、就特定決定或事項，而經評估該認知症者
不具意思能力。另外，於意思能力相關用語的使用上，有數
點應多加留意：第一，在臨床醫療場合討論醫療意思能力或
醫療同意能力時，多使用「capacity」或「ability」，而於法
學的場合，則係使用「competency」，有認爲應清楚區分前
者乃用於臨床醫生之判定，而後者乃司法上之判定，惟近來
常見有混用此兩種用語之文獻，故宜注意前後文脈以認定其
本意[1]：第二，「capacity」之用語，亦有「mental capacity」及
「legal capacity」的區分，本文所謂的「意思能力」的意旨係
指「mental capacity」，於 CRPD 委員會一般性意見第 1 號官
方簡體中文版將其譯爲「心智能力」，乃指一個人的意思決定
技能（decision-making skills）[2]：相較於此，依 CRPD 委員會一

---

[1]　江口洋子，〈意思決定能力の評価と医療者が果たすことができる役割〉，
　　《看護技術》，第65卷第12期，2019年，第1265-1266頁。
[2]　一般性意見第1號第13點。

般性意見第 1 號之說明，「legal capacity」則包含「擁有權利並且作爲人在法律之前得到肯認的法律地位」以及「就這些權利行動並且行爲得到法律肯認的法律權利行使」[3]，實際上包含擁有出生證明、尋求醫療援助、投票的權利等在內，不僅限於財產交易面之行爲能力，故「legal capacity」並不是完全等同於民法之「權利能力」、「行爲能力」或「意思能力」的意涵，宜做明確區別，故本書將「legal capacity」譯作「法律能力」，另可參 Chapter 1-2-5 的說明。綜上，因各種文獻的用語未必精確，抑或有混用的情況，於閱讀文獻或使用相關用語時，宜注意前後文脈以認定本意，並使用正確用語。

2-1-2 意思能力之判定

2-1-2-1 意思能力之判定基準

既然原則上任何人（包括認知症者在內）均應推定具有意思能力，除非就特定事項經評估證明係不具意思能力，則如何評估證明認知症者之本人就特定事項是否不具意思能力，即是必須釐清的重要問題。

於實際情況下，最常產生需要判斷認知症者是否就特定事項不具意思能力之場合，乃係發生於認知症者爲醫療決定（medical decision-making）時，此種情況下，原則上需取得認知症者之告知後同意（informed consent），始得進行特定之醫療處置，故有必要認定認知症者是否就醫師所說明之病

---

[3] 一般性意見第1號第14點。

情、治療方針、處置等具有得以理解進而同意之意思能力。

　　臨床醫療實務上，用以判斷就特定醫療行為，病患是否不具有意思能力而無法進行告知後意思決定，多係採用 Grisso 與 Appelbaum 等人所提倡之「四能力模式」（the four abilities model），其內涵包含四種能力，分別為：(1) 理解（understanding，即理解資訊內涵之能力）；(2) 認識（appreciating，即認識疾病之特性及治療是否有益等所身處狀況之能力）；(3) 論理思考（reasoning，即針對治療之資訊及本人之希望等，論理性地比較優劣之能力）；及 (4) 表達選擇（expressing a choice，即表達自身選擇之能力）。若具備此四種能力者，就特定醫療行為，即應認為不構成不具有意思能力。至於為具體判斷病患是否具備前述四種能力，一般最常使用之測試方式為麥克阿瑟醫療同意能力評估方法（MacArthur competence assessment tool for treatment, MacCAT-T）[4]。

　　另外，英國 MCA 法則提供類似但非完全相同之判斷標準。於判斷某人就特定事項是否不具有意思能力時，英國 MCA 法採取二階段之判斷方式，於第一階段先判斷某人就特定事項是否受有某種精神或腦的損傷或任何可能影響精神或腦的運作之障礙；第二階段則係判斷該損傷或障礙是否導致其於某特定時點針對某特定事件無法為意思決定（英國 MCA 法第

---

[4] 小海宏之，〈医療同意の実際──取り組みと課題「3 医療同意能力評価の概念について」〉，成本迅編著，《認知症の人の医療選択と意思決定支援：本人の希望をかなえる「医療同意」を考える》（クリエイツかもがわ，2019年4月30日初版2刷），第119-120頁；江口洋子，〈意思決定能力の評価と医療者が果たすことができる役割〉，第1266-1270頁。

2 條）。有關第二階段中可否針對某特定事件爲意思決定，則區分爲四種能力：(1) 理解（understand，即理解資訊內涵之能力）；(2) 存取（retain，即存取資訊之能力）；(3) 使用或衡量（use or weigh，即於意思決定的過程中使用或衡量資訊之能力）；及 (4) 溝通（communicate，即溝通其意思決定之能力）（英國 MCA 法第 3 條）。若具備此四種能力者，則認爲不構成不具有意思能力，與前述四能力模式相類似，但非完全相同。

於本人爲認知症者的情形下，當須判斷認知症者就特定事項是否不具有意思能力時，即得考量採用前述 Grisso 與 Appelbaum 等人所提倡之「四能力模式」或英國 MCA 法所採取之二階段認定法。

2-1-2-2 意思能力之判定結果

依前述意思能力之判定基準，判斷某認知症者是否就特定事項不具有意思能力後，其結果將影響該認知症者是否得就特定事項而自爲意思決定（即自主意思決定）、抑或須由他人代爲意思決定（即代替意思決定），詳細內容將於後述 Chapter 2-2 至 Chapter 2-4 討論；若以醫療意思決定爲例，相關流程圖則可參照圖 2-2。

然仍應留意的是，依照前述判定意思能力之結果，係針對在特定情況、於特定時間、就特定決定或事項下之判定結果，並非全面而一次性的評估。亦即，並非抽象地判定意思能力之全有或全無，而是個案性、特定性、一時性地就特定事項判定是否不具有意思能力。因此，縱使在某特定情況、於特定時間、就特定決定或事項下，判定某認知症者不具有意思能力，

並不等同該認知症者在其他情況、其他時間或其他決定或事項下，亦必定不具有意思能力，應予區辨。

此外，依照 CRPD 委員會之一般性意見第 1 號所示，縱使在某特定情況、於特定時間、就特定決定或事項下，判定某人不具有意思能力，亦不代表任何人（包含國家或政府）即可以剝奪或限制其法律能力，而逕為採行各類代替意思決定的制度（如監護制度等），反而係應優先尊重本人的意願及選擇，並採行支援意思決定機制[5]。是以，在我國已施行 CRPD 施行法情形下，如果在面對認知症者時所優先想到的仍是基於保護模式之監護制度之採用，以及代替意思決定之做法，即有待商權。

BOX 2-1　CRPD 委員會要求採行支援意思決定機制

- CRPD 委員會反對過往認為得以意思能力為基礎，來限制或剝奪身心障礙者關於意思決定之行使。
- 根據 CRPD 第 12 條第 2 項，締約國應確認身心障礙者於生活各方面享有與其他人平等之法律能力。據此，CRPD 委員會之一般性意見第 1 號第 7 點說明，由於過往一向實施代替意思決定，例如監護和允許強制治療的精神衛生法等，使身心障礙者的法律能力在多方面遭歧視與剝奪，故要求締約國應廢除這些做法，確保恢復身心障礙者在與其他人平等的基礎上享有充分的法律能力；CRPD 委員會之一般性意見第 1 號第 26 點及一般性意見第 5 號第 48 點、一般性意見第 6 號第 30 點也說明締約國應審查關於監護制度的法律、禁止一切

---

[5]　一般性意見第1號第7、26點。

形式的監護，並廢除歧視身心障礙者的法律，將代替意思決定機制改為支援意思決定機制，以尊重身心障礙者的自主、意願和喜好（autonomy, will and preferences）。

2-2 認知症者之意思決定

2-2-1 意思決定之種類

　　依於 CRPD 委員會之一般性意見第 1 號，所謂「意思能力」（或譯為心智能力）乃指一個人的意思決定技能[6]，如依 Chapter 2-1-2 所說明意思能力之判定基準，即得據以判斷認知症者就特定事項是否不具有意思能力，並進而評估得否自為意思決定。

　　於此，若就意思決定進行類型化，從「誰」為意思決定的角度出發，大致上可分為自主意思決定（即本人自為意思決定）及代替意思決定（即由非本人而代替本人為意思決定）。後者之代替意思決定，將會牽涉「誰」、「如何」、「什麼情況」代替本人為意思決定等層面之問題，詳細內容將於 Chapter 2-4 討論；應注意的是，依照 CRPD 委員會之一般性意見第 1 號所示意旨，代替意思決定存有剝奪或限制本人自決、意願和願望的疑慮。

　　進一步言，針對前述自主意思決定，可依進行決定之時間

---

[6] 一般性意見第1號第13點。

點不同，再區分為現在自主意思決定（就現在面臨之某特定事件，認知症者於當下自為意思決定）及預為意思決定（advance decision-making，即就將來可能面臨之特定事件，認知症者於當下即就該特定事件，預先進行具體特定之意思決定、抑或選定於將來代替認知症者而為該特定事件之意思決定者）。預為意思決定之詳細內容將於 Chapter 2-3 討論。

　　另外，若從程序保障之角度而言，於意思決定之過程中，給予決定者適切可行之支援後所為之意思決定，又可稱作支援意思決定，詳細內容將於 Chapter 2-2-2 討論。

　　上述有關認知症者各類型之意思表示的分類可以參照圖 2-1。

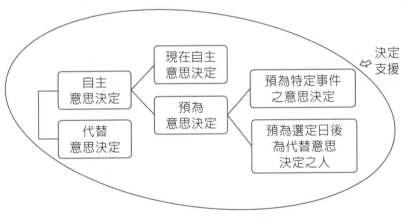

圖2-1　各類型之意思決定

2-2-2 意思決定支援及支援意思決定

CRPD 第 12 條第 3 項明言，締約國應採取適當措施，便利身心障礙者獲得其於行使法律能力時可能需要之協助。依照 CRPD 委員會之一般性意見第 1 號，爲落實尊重身心障礙者的自主、意願和喜好，各國應以支援意思決定機制取代代替意思決定機制[7]。此外，英國 MCA 法第 1 條第 2 項原則亦揭示：在提供任何可行之協助後且仍未能成功之前，任何人均不應被認爲不具意思能力（即最大協助原則）。

而如 Chapter 2-2-1 所述，從程序保障之角度而言，於意思決定之過程中，給予決定者適切可行支援後所爲之意思決定，又可稱作支援意思決定，而給予支援的過程，則可稱作意思決定之支援（supporting for decision-making）。

何謂可行之意思決定支援？依據 CRPD 委員會之一般性意見第 1 號，包括不同類型及不同強度的各種非正式及正式的支援安排[8]，此外，英國 MCA 法之行爲準則（Code of Practice）[9] 亦說明，所謂可行之支援，必須依據本人之情況、所爲意思決定之內容及可爲意思決定之時點等而定[10]。

另可行的意思決定支援類型包含提供相關的資訊以利意

---

[7] 一般性意見第1號第26點。

[8] 一般性意見第1號第17點。

[9] 行爲準則乃依據英國MCA法第42條及第43條另由權責機關公布，全文可參 *Mental Capacity Act 2005: Code of Practice*, https://assets.publishing.service. gov.uk/government/uploads/system/uploads/attachment_data/file/921428/Mental-capacity-act-code-of-practice.pdf（最後瀏覽日：2023年1月3日）。

[10] *Mental Capacity Act 2005: Code of Practice*, p. 22.

思決定、以適當之方式溝通、使本人處於安心舒服之狀況等層面，具體而言，例如：讓本人選擇一個或以上可信賴的支援人員，以協助行使法律能力、做出某些類型的決定，提供通用設計及無障礙等相關措施（例如要求銀行及金融機構等公私營部門提供易讀資訊或提供專業手語翻譯等）、發展及肯認各種不同及非常規的溝通方式（尤其是讓以非口語溝通形式表達意願及喜好的人使用）、提供更易理解之資訊（例如照片、圖畫等）、就可能影響本人意思能力之症狀給予治療、給予有系統之規劃，以改善本人為特定意思決定之能力（例如提供具有學習障礙者學習新技能）[11]。

　　此外，日本厚生勞働省（即相當於我國衛福部）則於2018年6月公布《認知症の人の日常生活・社会生活における意思決定支援ガイドライン》（中譯：認知症者日常生活及社會生活之意思決定支援準則）[12]，以落實向認知症者提供意思決定支援保障，使認知症者之意思決定亦能充分受到尊重及保護。具體的意思決定支援的面向包含的項目如下：

(1) 充實意思決定支援所需的環境：包含人的層面及物的層面，例如，支援者應持尊重本人意願的態度，並考量其與本人間的信賴關係，此外，宜確保意思決定的環境係可讓本人安心的環境。

(2) 確保適切意思決定之程序，包含意思形成之支援、意思表

---

[11] 一般性意見第1號第17點; *Mental Capacity Act 2005: Code of Practice*, p. 22.

[12] 「認知症施策関連ガイドライン（手引き等）、取組事例」，《日本厚生労働省》，https://www.mhlw.go.jp/stf/seisakunitsuite/bunya/0000212395.html（最後瀏覽日：2023年1月3日）。

明之支援及意思實現之支援等，簡單說明如下：

① 意思形成之支援：爲讓本人可以在適當的資訊、認識及環境下形成意思之有關支援；例如，向本人充分說明意思決定所需的資訊、使用簡單的言詞或文字進行說明等。

② 意思表明之支援：爲讓本人可以適切地表明或表現其意思表示之有關支援；例如，確保本人意思表明環境之適切性。此外，本人所爲的意思表示可能因各種狀況而有所變化，故需適時地再次確認其意思，抑或可由複數支援者向本人進行意思表示之確認。

③ 意思實現之支援：爲讓本人的意思表示可以反映於其日常生活或社會生活之有關支援；例如，不同職業的支援者一起合作、活用可能的社會資源，以促使將本人之意思表示反映於其日常生活或社會生活中。

有關認知症者之意思決定支援，即得參照前述 CRPD 規定與 CRPD 委員會之一般性意見，以及日本之「認知症者日常生活及社會生活之意思決定支援準則」予以進行，進而協助認知症者得做出支援意思決定。

2-2-3 我國法制下之意思決定支援

我國法規範上，亦於著手進行意思決定支援的法制化。舉例而言，針對醫療照護相關意思決定，業已於《病人自主權利法》（下稱「病主法」）中明文規定「預立醫療照護諮商」此

一制度（即相當於advance care planning, ACP）[13]，落實醫療照護決定自主權之相關程序保障。此外，於財務面，金融監督管理委員會亦公布失智者經濟安全保障推動計畫（2021～2025年）[14]，均屬意思決定支援之一環。

此外，縱使對於其他面向的意思決定支援尚未有明文法規範，當認知症者進行任何意思決定時，包含其對於己身之財務、醫療照護及生活事項的全面超前部署計畫（ATP），周遭相關人士得參酌 Chapter 2-2-2 所介紹，對於認知症者給予支援，以落實對於認知症者之權利保障。

2-2-3-1 預立醫療照護諮商

所謂「預立醫療照護諮商」，係指病人與醫療服務提供者、親屬或其他相關人士所進行之溝通過程，商討當病人處於特定臨床條件、意識昏迷或無法清楚表達意願時，對病人應提供之適當照護方式以及病人得接受或拒絕之維持生命治療與人工營養及流體餵養（病主法第 3 條第 6 款）。

---

[13] 有認病主法規定之「預立醫療照護諮商」不宜逕稱為advance care planning（ACP），而稱為advance care consultation（ACC），或更適切。可參黃三榮，〈論Advance Care Planning（預立醫療照護計劃）之定義、目的、權利性質及作法──兼評病人自主權利法之實像與虛像（九）〉，《萬國法律》，第248期，2023年4月，第57頁。

[14] 此處保留原文所使用之「失智」、「失智者」用語，Chapter 2-2-3涉及相同資料處均同。金融監督管理委員會，「失智者經濟安全保障推動計畫（2021～2025年）」，https://www.fsc.gov.tw/websitedowndoc?file=chfsc/202204281146430.pdf&filedisplay=%E5%A4%B1%E6%99%BA%E8%80%85%E7%B6%93%E6%BF%9F%E5%AE%89%E5%85%A8%E4%BF%9D%E9%9A%9C%E6%8E%A8%E5%8B%95%E8%A8%88%E7%95%AB%282021%7E2025%29.pdf（最後瀏覽日：2023年1月5日）。

　　是以，於本人係認知症者所進行之預立醫療照護諮商，即必須由認知症者本人、認知症者之二親等內親屬至少一人及醫療委任代理人，於符合條件之醫療機構，由符合法定資格之醫療服務提供者（如專業醫師、護理人員及心理師或社會工作人員）所組成之諮商團隊提供諮商，認知症者得於諮商團隊協助下，充分表述意見，落實意思決定之程序權保障，若最終於符合所有條件之狀況下，認知症者即可進一步爲預立醫療決定（預立醫療決定之詳細內容請參照 Chapter 2-3）。

　　惟應留意者係，縱然最後認知症者未爲預立醫療決定，但因認知症者本人如已透過預立醫療照護諮商之程序充分表述意見，將來若面臨到相類似之特定臨床條件、意識昏迷或無法清楚表達意願等情況，不得已必須由他人代爲醫療意思決定時，該他人亦宜充分考量認知症者本人曾於預立醫療照護諮商之程序中所表述之意見，於尊重認知症者本人之意思下而進行代替意思決定，以充分保障認知症者本人之自主權。從而，縱然最後認知症者未爲預立醫療決定，預立醫療照護諮商之程序仍有其實益。

2-2-3-2 失智者經濟安全保障推動計畫

　　爲因應衛福部提出的綱領暨行動方案 2.0，金融監督管理委員會亦公布失智者經濟安全保障推動計畫（2021～2025年），具體措施的其中一環包含推動失智友善金融體系及失智者財務安全保障策略，例如，要求金融機構應依不同類別身心障礙人士之需求，提供適當之友善服務措施，不得有歧視性之行爲，及於營業廳進出口裝設「服務鈴」，協助引導身心障礙人士辦理各項金融業務等措施。

2-2-4 認知症者之醫療意思決定流程

　　關於認知症者之醫療意思決定流程，可參照圖 2-2，另說明如下：

(1) 就特定醫療決定 (A) 評估認知症者之意思能力時，得考量採行 Chapter 2-1-2-1 所示之「四能力模式」或英國 MCA 法之「二階段認定法」（2-stage test），予以判定。

(2)「提供決定支援 (C)」亦得在「本人意思能力的一次判定 (B)」前，即予以提供。流程圖之所以將 (C) 排序於 (B) 之後，係強調如於 (B) 後，不論判定結果本人就特定事項是否確實不具有意思能力，在「本人自主決定 (E)」或「意思能力的二次判定 (D)」前，更應提供決定支援之意旨。且 (B)、(D) 兩次評估判定，宜有時間間隔（例如隔幾天等），並在不同時程進行為宜。另外，評估判定過程應留下清楚詳細的紀錄。

(3) 不論 (B) 及 (D) 之意思能力判定程序，應予認知症者本人就評估者表示是否同意或得指定評估者之機會。

(4) 而在「意思能力的二次判定 (D)」時，就特定事項如結果為「本人無意思能力」時，亦應予認知症者本人就此判定結果得予爭執、救濟 (G) 之機會 [15]。

(5)「預為決定 (H)」係包括認知症者本人之口頭及書面的預為決定，並涵蓋病主法之「預立醫療決定」。

(6) 在無認知症者本人之「預為決定 (H)」情形下，即進入代

---

[15] 在有關爭執、救濟之法制建立前，至少得考慮藉由臨床倫理諮商（clinical ethics consultation）方式，以提供救濟協助及解決爭執。

替意思決定階段。此際代替決定者即須依循 (I) 至 (N) 所示
流程啓動代替意思決定。而在進行「代替決定者（含醫療
委任代理人）對話討論確認本人之推定意思 (J)」時，得適
切採行「臨床倫理諮商之導入 (K)」，以求愼重及避免或
解決意見之歧異。另在 (J) 之後，如採行「四能力模式」，
先判定是否得確認「本人之推定意思」下，再依代替判斷
原則（substitute judgement）及最佳利益（best interests）
原則之前後順序，予以進行代替意思決定，即循 (I) ／ (J) ／
(L-1) ／ (M) ／ (N) 之流程。

相對於此，如採行「二階段認定法」之做法，即直接認定
最佳利益，予以進行代替意思決定，即循 (I) ／ (J) ／ (L-2)
之流程。亦即，在「二階段認定法」係將本人之推定意思，
納入最佳利益之考量項目之一，而「四能力模式」係區分
本人之推定意思及最佳利益，並以推定意思之認定，優先
於最佳利益之判認。且在此代替決定之過程中，縱使本人
已遭認定爲無意思能力，仍應以認知症者本人爲中心而進
行，並邀認知症者本人得參與此過程，以及表述意見，以
維護認知症者本人之自主權。

(7) 而在代替意思決定做出後，不論是循前述何種流程，即應
予本人就此代替意思決定之內容，得加以爭執、救濟 (P)
之機會。

(8) 最後，認知症者本人之自主意思決定或代替意思決定於做
成過程及做成後，建議留下紀錄（例如書面、錄影等方
式），除確保取得較明確決定之內容外，並有利於決定後
之執行〔即 (F)+(O)〕，以及如對決定有所爭執救濟之判斷
資料之一。

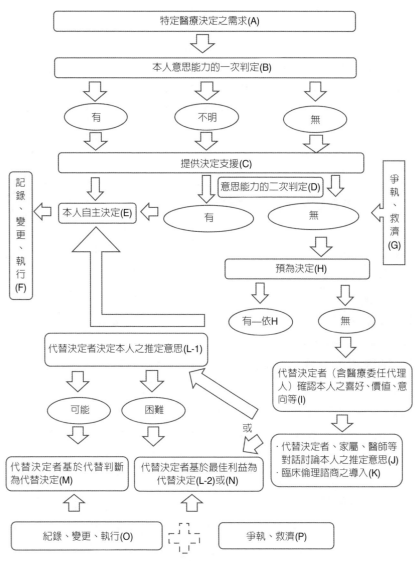

圖2-2　醫療意思決定流程

資料來源：黃三榮，〈論醫療委任代理人（下）—— 兼評病人自主權利
　　　　　法之實像與虛像（七）〉，《萬國法律》，第245期，2022
　　　　　年10月，第39頁。

2-3 認知症者之預為意思決定

　　如 Chapter 2-2-1 意思決定之種類所示，從「誰」為意思決定的角度出發，可區分為「自主意思決定」及「代替意思決定」。另就「自主意思決定」而言，如依進行決定之時間點不同，可再區分為「現在意思決定」及「預為意思決定」。以下，即就預為意思決定進一步說明。

2-3-1 預為意思決定之重要性

　　預為意思決定之重要性，可由以下三點說明：

(1) 貫徹個人自主

　　依 2001 年 WHO 會員國大會中通過最新版障礙人口的定義與分類系統（International Classification of Functioning, Disability and Health, ICF），該系統將障礙經驗視為健康經驗，同時以醫療角度與社會角度來看待身心障礙者。將障礙經驗視為動態的過程，認為人生在任何階段都可能有障礙狀態之發生，身心障礙者並非為社會中少數群體或特殊團體[16]。就此，CRPD 亦揭櫫尊重固有尊嚴、個人自主，包括自由進行個人選擇及個人自立之原則，並於第 12 條中進一步闡述身心障礙者於生活各方面均應享有與其他人平等之法律能力，以及平等享有擁有或繼承財產之權利，掌管自己財務。是以，基於對人固有尊嚴之尊重，身心障礙者於生活各方面得自由進行個人選

---

[16] 王國羽、林昭吟、張恆豪，《障礙研究──理論與政策應用》（巨流圖書，2012年9月7日），第79-81頁。

擇，係爲貫徹個人自主之方式之一。

　　認知症是一群症狀的組合（症候群），由各種可能影響記憶、思考、行爲和日常生活能力之大腦症狀所導致，其進程爲一長期性、流動性的過程。以整體認知症進程觀之，認知症者之認知功能會隨著時間逐漸退化，進而降低或喪失爲意思表示之能力。惟就認知症進程中之特定時點，認知症者是否確實就特定事項不具意思表示之能力，則應就該特定時點及認知症者所爲之特定事項而定，不能一概而論。亦即，在認知症進程中，認知症者之意思能力不能亦不應因爲在醫學診斷上被確診爲認知症即被全面剝奪。

　　然不可諱言地，當認知症者出現認知症狀（不論是否在醫學診斷上已被確診爲認知症與否），在特定時點、對特定事項而爲意思決定時，是否不具有意思能力或是可完全基於本人意思，實存在無法預測之不確定性。爲此，若能在尚未有認知症症狀，或是在認知症進程中，及早就人生各面向（醫療、照護及財產等）自主預爲意思決定，實爲貫徹個人自主之體現。

(2) 減輕或排除代替決定者之心理壓力

　　無論代替意思決定之事項爲何，代替決定者爲本人爲代替決定時，需評估、判斷本人是否確實已經無法自主意思決定、所爲之代替意思決定是否符合本人的眞正意思、是否符合本人之最佳利益、如何避免日後被質疑所爲代替意思決定之有效性等，在在都可能造成代替決定者之心理等各種壓力。尤以，通常被選爲擔任代替意思決定之人，多與本人關係極爲親近（如家屬等），更容易感受到爲本人做出代替意思決定之上述壓力。

是以，若本人能在尚未出現認知症症狀，或是在認知症進程中，及早就人生各面向（醫療、照護及財產等）自主預爲意思決定，則代替決定者將可依本人所爲之自主預爲意思決定來執行本人之意思，相較於單純由代替決定者自行爲代替意思決定，應可大幅減輕或排除其心理等各種壓力。

(3) 降低日後發生紛爭之可能性

認知症之進程爲一長期性、流動性的過程，其在特定時點對特定事項是否不具有意思能力，其所爲之意思決定是否確爲本人眞正意思，易生爭議。若本人能在尚未出現認知症症狀，或是在認知症進程中，及早就人生各面向（醫療、照護及財產等）自主預爲意思決定，並輔以留下自主預爲意思決定之過程（如錄音、錄影等），則應有助於降低日後就意思決定之效力而發生紛爭之可能性。

2-3-2 預爲意思決定之內容

於認知症進程中可能面臨到之意思決定問題，主要在於醫療面、照護面及財產面這三個面向，若可於事前或認知症進程中，即就此三個面向全面預爲準備、預爲意思決定，則可期待落實前述之貫徹個人自主、減輕或排除代替決定者之心理等各種壓力及降低日後發生紛爭之可能性外，也得在預爲意思決定的過程中，透過與親友、專業人士之溝通對話，而對當下生活方式、人生目標產生不同體悟，活出不一樣的人生。

以下即從「事項」（matter）及「人選」（person）之所謂 MP 原則角度，簡單介紹醫療面、照護面及財產面之預爲意

思決定內容。另關於預爲意思決定之具體做法及實例演習部分，將於 Chapter 6 中予以討論。

2-3-2-1 醫療面

(1) 事項

應不限於病主法下之預立醫療決定。病主法第 8 條第 1 項固規定：「具完全行爲能力之人，得爲預立醫療決定，並得隨時以書面撤回或變更之。」惟如本書一再重申，行爲能力與意思能力並不能劃上等號（參 Chapter 1-2-3），縱使認知症者被判定爲欠缺或喪失行爲能力，亦不代表其全面而絕對地喪失意思能力。認知症者是否不具有意思能力，應就特定時點、特定事項予以判定。再者，基於尊重本人之意思，預爲醫療面意思決定，亦不應拘泥於特定形式爲宜。

BOX 2-2　事前指示書

日本實務上有所謂「事前指示書」制度，即就特定事項並非不具有意思能力之人，爲避免日後因疾病或認知症導致無法表達自己之意思表示，故預先就日後的醫療決定做成書面。此事前指示書之內容，雖不具法律強制效力，惟醫療人員得依照其內容，執行治療處置。

---

(2) 人選

亦即，依病主法等法律規定，預爲選任醫療委任代理人（health care agent, HCA）。

2-3-2-2 照護面

(1) 事項

① 規劃符合自己照護需求、照護模式及生活事務處理

認知症者於日常生活中，需面臨眾多必須處理之健康照護及食衣住行育樂等生活事務（如是否選擇入住照護機構或是聘請居家服務員、至醫院或診所看病、在家之日常起居照顧等），或是從事一些非涉健康照護及財務之事項（如出外拜訪友人、參加社交活動等）。此類生活事務之意思決定，亦為得以預為意思決定之內容。

② 確保照護需求等生活事務之經費來源

為因應前述生活事務之預為意思決定，確保照護需求等生活事務之經費來源亦應事先規劃，予以預為意思決定。

(2) 人選

得與可信賴之第三人（親友或專業人士等）簽訂所謂「生活事務處理契約」，而委託第三人處理自己的生活事務，亦屬預為意思決定之一環。

BOX 2-3　生活事務處理 vs. 支持服務

• 於《身心障礙者權益保障法》第五章明文「支持服務」，規定居家照顧等支持服務；另依同法第 51 條第 2 項規定，衛福部復制定公布 (1)《身心障礙者個人照顧服務辦法》，而進一步規定身心障礙者個人照顧服務的細部內容，包括居家式服務、自立生活支持服務等，以及 (2)《身心障礙者服務人員資格訓練及管理辦法》，明文規定生活服務員、照顧服務員等身心障礙者服務人員之資格、訓練及管理等。

● 「生活事務處理契約」係指認知症者（包括未領有身心障礙證明者）直接委託第三人即時或將來協助處理自己的生活事務，與基於前述《身心障礙者權益保障法》相關規定之原則上係由領有身心障礙證明者即時利用前述「支持服務」情形，稍有不同。同時，「生活事務處理契約」得由認知症者直接與受任人個人或其所屬團體／法人簽約；惟利用《身心障礙者權益保障法》之「支持服務」，通常係由身心障礙者或其代理人與提供「支持服務」之各種單位簽訂服務契約。然依認知症者之具體需求狀況，結合前述生活事務處理之委任及「支持服務」之利用，亦屬可能。

2-3-2-3 財產面

(1) 事項

　① 就生前之財務面事務，可透過儲蓄、保險、信託、生前贈與等財務管理工具及財產配置，確保前述照護需求等生活事務之經費來源，亦可依自己之意思處分資產。

　② 就身後之財務面事務，則可透過遺囑、死因贈與等方式，安排資產傳承；並得就身後事務（告別方式、殯葬、個人物品處理等）預為規劃，以自己想要的方式告別人生。

(2) 人選

　① 針對個別財產處分，可預為選任持續財務代理人作為得代替決定之人（參 Chapter 2-4-3）。

② 意定監護人

意定監護制度，是我國「成年人監護制度」之一環。係指在當事人並未喪失意思能力之「前」，就由當事人本人與其指定的意定監護人訂定書面契約，約定在當事人本人喪失意思能力且有依法聲請監護宣告之原因時，意定監護人有權向法院對當事人聲請監護宣告，並請求法院選任意定監護人為該當事人的監護人，該意定監護人之職權行使，須依意定監護契約中之條款為準。

當認知症者目前就前述事項尚未做出決定或不願做出決定時，或可透過聲請意定監護之方式，由意定監護人於日後再為代替意思決定。惟意定監護既屬一種「代替決定」，當意定監護人在為代替決定時，仍會有認知症者本人是否確實已經無法自主意思決定、所為之代替決定是否符合認知症者本人的真正意思、是否符合認知症者本人之最佳利益、如何避免日後被質疑所為之代替決定之有效性等疑慮。基於貫徹個人自主意思表示之觀點，若認知症者本人得預為意思決定，則意定監護制度將僅是具最後手段性之補充機制（參 Chapter 2-4-4）。

接受自己為認知症者之事實，與親友及專業人士充分溝通後，以錄音、錄影、第三人在場等方式預為意思決定，實可落實、貫徹個人自主。此外，預為意思決定並非不可改變，當認知症者針對某事務做出預為意思決定後，仍得依特定時點、特定事項之當下情況，改變原先之意思決定，實屬當然。

BOX 2-4　預為意思決定與現在意思決定之衝突：荷蘭認知症者案例

- 就認知症者而言，由於其認知功能係逐漸退化及流動地變化，於意思決定之層面上，最容易發生爭議的地方在於，就同一件事，當經認定為認知症者先前所為之意思決定 (A)、與經認定為認知症者之後所為意思決定 (B) 有所不同時，應該以何時點之意思決定作為本人之真正意思（即以 (A) 或 (B) 為準）？於為意思決定之過程中，應給予認知症者何種支援？於何種情況下，其他人是否有介入代替該認知症者為意思決定之餘地？

- 2016 年，荷蘭出現第一起醫師因執行安樂死遭起訴的案件。一名經診斷罹患阿茲海默症之婦人，簽署書面聲明（即安樂死事前指示書），表示自己如果病情惡化同意施行安樂死。她後來病情惡化，精神陷入錯亂，醫師按照她的安樂死事前指示書施行安樂死，讓婦人喝下添加鎮定劑的咖啡，就在婦人失去意識、醫師準備施打藥劑時，婦人突然醒來而抗拒掙扎，在婦人的女兒和丈夫壓制下，醫生完成藥劑施打而執行了安樂死。由於婦人曾為抗拒，荷蘭檢察官認為這是她拒絕施行安樂死的表示，因此起訴了醫師。

- 本件婦人雖曾立有安樂死事前指示書而事前同意施行安樂死，但在施行安樂死之際，因精神已陷入錯亂並無法再確認本人意思，此時婦人肢體上表現出抗拒的反應，則婦人真正意思究竟為何？應以安樂死事前指示書為準，抑或是當下婦人肢體反應為據？如婦人在過往曾與家人、醫療照護者等持續溝通自己的想法及意願，甚至將溝通過程，以及想法、意願記錄成書面，勢必相當程度地有助於家人、醫療照護者確定婦人之意願及選擇。

- 本件荷蘭最高法院最後於 2020 年 4 月 21 日判決醫師無罪，認定醫師可以對重度認知症患者執行基於安樂死事前指示書的安樂死請求，但必須符合嚴格的安樂死執行規定，包括患者必須承受「無法忍受的痛苦」，並且必須取得至少兩名醫師之同意等。

BOX 2-5　真正意願、自然意願：will／preferences

- 於德國法制下，區分所謂「真正意願」（real will）及「自然意願」（natural will）。簡單來說，前者是指經過理性思考下之意思；而後者則是指欠缺合理性之單純自然的意思。不具形成自由意思之責任能力者之「自然意願」，甚得被解為即是該人的當下意思。而德國在事前指示書（advance directive）法制化時，亦曾有認為「自然意願」是優先於事前指示之意見。
- 如將此德國法制之「真正意願」及「自然意願」概念，就 BOX 2-4 荷蘭認知症者案例予以參照檢討，則該婦人之抗拒掙扎行為，或得解為如同「自然意願」之表達。進而，亦不能排除應以婦人抗拒掙扎行為之「自然意願」，而優先於先前安樂死事前指示之餘地。
- 另依 CRPD 則強調 will／preferences，且有認為於存在事前指示下，因事前指示本質上是 will，即應優先於當下所經表達之 preferences。亦即，will 應優先於 preferences 之適用。同時亦有認為「真正意願」相應於 will，而「自然意願」則對應於 preferences。

- 基於上述，就何謂本人之意思？will？preferences？其實不易通案而全面的抽象式主張，宜就個案予以個別具體認定為妥。

2-4 認知症者之代替意思決定

2-4-1 代替意思決定概說

從「誰」為意思決定的角度出發，可區分為「自主意思決定」及「代替意思決定」，已如 Chapter 2-2-1 所示。基於尊重自主、保障自主決定權而言，當以「自主意思決定」為原則，且應就「自主意思決定」予以「最大支援」，惟有在窮盡「最大支援」下，而本人仍無法進行「自主意思決定」時，始不得不採行「代替意思決定」，以代替本人為意思決定。亦即，「代替意思決定」應依循所謂「補充性」及「最後手段性」為之。而從意思能力之「特定性」、「個別性」而言，「代替意思決定」亦應僅係「特定性」、「個別性」及「一時性」，實不宜成為「普遍性」、「全面性」及「永久性」。從而，僅係依某一特定時點，於判認本人不具意思能力下，即藉「監護宣告」而普遍、全面及持續地剝奪受監護者之行為能力外，更可能全面否定受監護者之現有意思能力之「監護制度」（「代替意思決定」的代表性制度之一），雖有「保護受監護者」之一面，但不得不說其實亦是嚴重傷害本人自主權的制度。是以，理解監護制度之傷害本人自主權面向，基於上述「代替意

思決定」之「特定性」、「個別性」及「一時性」要求，實應謙抑適用監護制度，甚且朝向 CRPD 委員會之一般性意見第 1 號所示應廢止監護制度而調整才是，並不是一經確診認知症，即機械及制式反應般逕以「監護制度」（如採取意定監護）因應。

其次，除了上述監護制度係屬代替意思決定之一，於醫療面另有所謂醫療委任代理人，而本人選任醫療委任代理人之決定，固屬本人之自主意思決定；但當醫療委任代理人爲本人進行意思決定時，並不能完全排除具有代替意思決定之本質。是以，醫療委任代理人亦得屬於醫療面代替意思決定類型之一。相對於醫療面之代替意思決定，另於財務面，本人亦得藉由選任「持續財務代理人[17]」之方式，而委由持續財務代理人於本人之財務面，爲本人進行代替意思決定。

而不論是監護人、醫療委任代理人及持續財務代理人爲本人進行代替意思決定時，實均應依循以下優先順序進行代替意思決定。亦即，(1) 就某特定事項（不論是財務或醫療等）當本人必須進行意思決定時，仍須在提供最大支援下，先行判認

---

[17] 持續財務代理人之權限啓動，可分爲(1)選任時即生效，或是(2)於一定條件成就時始爲生效（如本人就特定事項喪失意思能力時）兩類型。於此所論及持續財務代理人之代替意思決定，係指後者之情形。另本書將醫療面及財務面之代理人區分爲醫療委任代理人及持續財務代理人，係依循病主法已明文醫療委任代理人及美國之代理法制（agency law）。美國代理法制下，係將持續財務代理人之選任文件稱爲durable power of attorney for finances。惟如參考英國MCA法，不論是醫療面及財務面之代理人所使用之選任文件，則統稱爲lasting power of attorney（LPA）。同時，醫療面之選任文件可再稱爲lasting power of attorney for health and welfare；另於財務面之選任文件則稱爲lasting power of attorney for property and financial affairs。

就此特定事項，本人是否不具有意思能力？(2) 在判認本人確
不具有意思能力下，須進一步確認本人先前就該特定事項是否
曾「預為意思決定」？(3) 在並無明確預為意思決定下，才正
式啟動代替意思決定程序；(4) 進行代替意思決定時，必預先
依循「代替判斷原則」（即基於如本人具意思能力時，就該事
項將會進行如何決定之原則，而進行代替意思決定）；(5) 惟
如無法適用「代替判斷原則」（如未能掌握理解本人就該事項
可能的意願、喜好等）時，即適用所謂「最佳利益原則」（即
基於如一般人立於本人之情形時，就該事項將會進行如何決定
之原則，進行代替意思決定）。

BOX 2-6　代替判斷／最佳利益 vs. 最佳詮釋意願及喜好

- 代替判斷，因是立於本人之推定意思而為代替意思決定，故
  有謂係「主觀成分」（subjective component）；而最佳利益，
  因是立於一般人之立場而為代替意思決定，乃謂係「客觀標
  準」（objective standard）。
- 惟如立於英國 MCA 法下之「最佳利益」而論，因該「best
  interest」（最佳利益）之判斷，必須考量本人曾經表達過的
  意願等，從而，亦可謂此「最佳利益」是採本人持續之主觀
  性考量。是以，同樣是「最佳利益」用語，宜留意是否屬於
  英國 MCA 法脈絡下之論述，而會有不同內涵意義之餘地。
- 另不論代替判斷／最佳利益因均屬代替意思決定機制之原
  則，而就要求廢止代替意思決定機制之 CRPD 委員會一般性
  意見第 1 號所示意旨，即不採行代替判斷／最佳利益原則，
  而另提出所謂「最佳詮釋意願及喜好（best interpretation of
  his/her will and preferences）原則」。亦即，要求於提供最

> 大支援予本人而進行支援意思決定下，應採「最佳詮釋意願
> 及喜好原則」以認定本人之意願及喜好，做到依本人之意願
> 及喜好進行本人之自主意思決定。
> • 基於上述，固有屬於代替意思決定（代替判斷／最佳利益）
> 或自主意思決定（最佳詮釋意願及喜好）之差異，但其實存
> 在的共通點即是基於本人之意願及喜好為優先。是以，如得
> 在異中求同，依循此共通點為原則，而在最後手段性下，始
> 適用最佳利益原則予以因應，或是一個解決歧異的做法吧！

　　以下，再進一步說明涉及代替意思決定之醫療委任代理
人、持續財務代理人及監護制度。

2-4-2 認知症者之醫療委任代理人

2-4-2-1 什麼是醫療委任代理人？

　　試想一種情況，小智為了照顧老婆、小孩，讓全家過上舒
適的生活，平日總是全力衝刺事業，唯一的休閒就是在假日騎
乘他最愛的登山自行車，奔馳於山林中享受大自然及片刻的喘
息。未料某天，小智在騎車途中遭落石砸中頭部造成腦出血，
失去意識陷入昏迷狀態，小智的太太面對突如其來的意外，以
及後續一連串緊急又陌生困難的醫療決定，腦袋一片空白，即
便聽了主治醫生的說明，還是不知道該怎麼做比較好，深怕自
己是不是會做錯決定，內心感到十分煎熬。

　　此時，小智的摯友小剛接獲消息趕到醫院，原來小智早已
請託小剛，如果有一天他發生意外，希望小剛可以幫忙處理醫

療事務、安頓家屬。小剛依照先前與小智談話時，小智本人希望的方向，協助小智的太太和主治醫生溝通討論醫療事項，並代替昏迷中的小智進行醫療決定，經過緊急手術後，小智昏迷指數提升，恢復意識，病情也逐漸穩定，這才讓小智的太太放下心中的大石頭。

　　所謂「醫療委任代理人」，簡單來說就是像小剛這樣，如果有一天小智失去意識等陷入無法自己做決定之情況時，可以代替小智本人做出符合其意願之醫療上代替意思決定之人。

BOX 2-7　醫療委任代理人的權限

- 依病主法第 3 條第 5 款規定，「醫療委任代理人」即是指「接受意願人書面委任，於意願人意識昏迷或無法清楚表達意願時，代理意願人表達意願之人」。
- 而依同法第 10 條第 3 項，於本人陷入昏迷或無法清楚表達意願時，醫療委任代理人可以代替本人做的事項主要如下：
  - ➤了解本人病情及風險評估：聽取醫生告知本人之病情、治療方針、處置、用藥、預後情形及可能之不良反應等相關事項。
  - ➤簽具手術同意書：代替本人簽署手術或侵入性檢查、治療等醫療行為之同意書。
  - ➤代理表達醫療意願：如本人曾經做過預立醫療決定，醫療委任代理人可以依本人預立醫療決定的內容，代理本人表達預立醫療決定所示之醫療意願。

BOX 2-8　進階思考：醫療委任代理人的角色

- 醫療委任代理人的權限，並不宜解為僅限於病主法第 10 條第 3 項所明文規定之範圍。蓋醫療委任代理人的權限若只侷限於上述「聽取醫生告知」、「簽具手術同意書」及「代理表達醫療意願」事項，即有過度限縮醫療委任代理人原本得發揮之作用，實為可惜。
- 基於最大尊重本人自主權（及本人自主權之延伸），病主法第 10 條第 3 項解釋上應僅為代理人權限的例示規定。亦即，醫療委任代理人之權限，並不限於同項規定事項，以使醫療委任代理人在本人意識昏迷或無法清楚表達意願時，得充分基於本人意思，就各種醫療決定或其他醫療照護事項做出符合本人期待之代替意思決定或安排。

2-4-2-2 為什麼需要醫療委任代理人[18]？

　　意外往往在我們還沒來得及準備時就突然發生；又或是雖然有事先就醫療事項預為安排，甚至完成預立醫療決定，但通常很難在事前即能就每個細節的醫療決定都設想周全；抑或是因為醫療照護技術的進步、個人健康狀況變化等時空背景有所不同，過去的決定或許在當下已不是那麼適合執行，或是有

---

[18] 關於選任醫療委任代理之必要性及醫療委任代理人制度之詳細介紹評析，另參萬國法律事務所，《迎向超高齡社會之超前部署──Let's Do ATP!》（五南圖書，2022年2月1版1刷）。黃三榮，〈論「醫療委任代理人」（上）、（中）、（下）──兼評「病人自主權利法」之實像與虛像（五）、（六）、（七）〉，《萬國法律》，第243期，2022年6月，第42頁；第244期，2022年8月，第55頁；第245期，2022年10月，第29頁。

了其他更可能符合本人意願的選擇。基此，即得考慮事先選任一位醫療委任代理人，透過與本人充分溝通討論的過程，了解本人就醫療事項的價值觀、喜好，而較有可能於本人就特定事項陷入無意思能力狀態後，仍能基於本人意思，配合當時的醫療科技水準，依照本人意願做出符合本人價值觀、喜好的醫療照護決定。從而，醫療委任代理人可說是本人自我決定（自主權）的延伸。

而對於認知症者而言，於出現認知症症狀或雖經確診認知症下，把握當下仍具有的認知能力，及早選任醫療委任代理人，可以在本人就特定事項被認定為喪失意思能力、陷入無意思能力，或無法清楚表達自己的意願時，仍能透過醫療委任代理人表達自己的意願，藉由醫療委任代理人以實現符合個人意願的醫療（代替）意思決定。

此外，透過本人選任的醫療委任代理人為代替意思決定，某種程度可以降低家屬為本人進行醫療代替意思決定時內心所承受的龐大負擔及心理壓力，並且也可能避免家屬、親戚間因對醫療照護事項意見之不同，而引起不必要的衝突及糾紛。

BOX 2-9　醫療委任代理人之重要性

- 內在面：對本人而言
  - ➢於本人就特定事項陷入無意思能力後，仍能基於本人意思（自主權）的延伸，依照本人意願做出符合本人價值觀、喜好的決定。
  - ➢即使因未來醫療照護技術的進步、身體狀況等時空背景不同，仍能貫徹本人之意思而為醫療、健康照護事項的代替

意思決定。

- 外在面：對家屬而言
➤避免家屬、親戚間對醫療照護事項意見不同而引起衝突、糾紛。
➤降低家屬為本人做代替意思決定所承受的心理壓力及負擔。

2-4-2-3 誰適合擔任醫療委任代理人？

病主法中就醫療委任代理人的資格，設有以下要件：

(1) 須為成年且具完全行為能力之人，且有意願擔任醫療委任代理人之書面同意（病主法第 10 條第 1 項）。

(2) 除本人的繼承人外，非下列情形之人（病主法第 10 條第 2 項）：①本人的受遺贈人；②本人遺體或器官指定之受贈人；③其他因本人死亡而獲得利益之人。

然而，除了上述法律所規定的形式要件外，更重要地，醫療委任代理人應該是具有下列特質，而能代替本人表達意願，作為本人「最佳代言人」之人：

(1) 本人所能信賴之人。

(2) 能持續和本人進行溝通互動，並透過此溝通過程了解本人想法、共享本人對於醫療、健康照護事項及決策價值觀。

(3) 能基於本人意願維護其價值觀及選擇，並進而為本人做代替決定。

(4) 具備抗壓性，即使於本人家屬或醫療團隊之意見與本人意願有所不同時，仍能維護並確實執行本人之預為意思決定，或做出符合本人意願之代替意思決定。

　　一般而言，大多數的人或許會想到由家屬擔任醫療委任代理人，但有時家屬間基於情感等因素，可能較難暢談生老病死等敏感話題；或是本人基於不想帶給家屬壓力，而選擇委託信任的親友或律師等專業人士擔任醫療委任代理人。此時，您心裡是否已浮現出合適人選了呢？以下即進一步介紹如何選定合適的醫療委任代理人。

2-4-2-4 何時選任／如何選任／終止選任醫療委任代理人

(1) 何時選任醫療委任代理人？

　　一般而言，建議於意思能力健全時，儘早選任醫療委任代理人，以便和您的醫療委任代理人能就未來可能之具體醫療決定和對醫療照護事項的想法，有更多時間及能力可以進行更為充分的溝通討論。

　　然而，即使是出現認知症症狀，甚至被確診認知症之情況下，並不當然代表認知症者就不能選任醫療委任代理人。反而，建議認知症者把握當下仍具有的認知能力，及早選任醫療委任代理人，並預為其他生活面向的後續安排，實屬重要。

　　蓋認知症為認知功能逐漸退化的過程，應於「特定時點」就「特定事項」判斷認知症者是否不具有意思能力，而不能僅單憑出現認知症症狀或經確診認知症，就直接據以認定認知症者已全然失去意思能力，或不能表達自己的想法。是以，基於認知症者作為權利主體之觀點，應以最大尊重本人意願、保障其自主權之前提，輔以認知症者也能理解的方式（如簡單白話的說明、圖片輔助等），以支援認知症者做成決定的過程（即最大協助／支援原則）。是如認知症者當下尚能理解選任醫療委任代理人此一特定事項的意義，並表達其選任醫療委任代理

人的意願（除言語之外，亦可從外觀態樣觀察。例如是否爲認知症者信賴之人，可從互動觀察是否可使其不再躁動、心情平緩的人等）時，即應認爲認知症者也享有選任醫療委任代理人，透過醫療委任代理人表達其對醫療事項意願的權利，以保障其自主權並貫徹自我決定的實現。

BOX 2-10　CRPD 的支援意思決定 vs. 醫療委任代理人選任

- 依照行政院身心障礙者權益推動小組 2022 年 10 月 24 日通過之「身心障礙者權利公約（CRPD）第二次國家報告國際審查會議結論性意見」中文版，可知國際審查委員會（International Review Committee, IRC）再次重申，CRPD 的核心精神在於由過去的醫療、慈善模式（medicine and charity-based model），轉變爲以障礙者作爲權利主體的人權模式（human rights-based model），而於人權模式下，應以尊重個人意願及喜好之「支援意思決定」，取代「代替意思決定」的原則方向。

- 就認知症者之醫療委任代理人選任而言，亦應以認知症者作爲權利主體之立場出發，基於保障其自主權，確保其做決定的過程獲得充分的支援，而不宜以「保護」爲名，即輕易剝奪認知症者作爲權利主體而得爲自主決定的權利。並且，醫療委任代理人所爲之代替意思決定，亦應留意僅限於本人「意識昏迷或無法清楚表達意願」等「喪失意思能力」之情境下，始能啓動。

(2)如何選任／終止選任我的醫療委任代理人？

就選任醫療委任代理人之方式，由於法律規定須本人書面委任，並經願意擔任醫療委任代理人之書面同意（病主法第 3 條第 5 款、第 10 條第 1 項），形式上建議應與本人簽訂「醫療委任代理人委任書」之書面[19]，並可上傳至中央主管機關，以註記在健保卡的方式留存（病主法第 13 條第 2 款）。就醫療委任代理人的人數，法律並無特別限制，因此可以選任 1 名或 2 名以上作為醫療委任代理人，並可以指定其優先順位和權限。

BOX 2-11　「醫療委任代理人委任書」之上傳註記

- 依病主法第 13 條第 2 款規定「指定、終止委任或變更醫療委任代理人」，應向中央主管機關申請更新註記。而有關「醫療委任代理人委任書」之上傳及註記，由於目前實務上「醫療委任代理人委任書」是作為「預立醫療決定書」之附件，於意願人完成預立醫療照護諮商，並簽署預立醫療決定書後，始由醫療機構上傳並完成註記作業。因此，目前做法上似難僅以單獨上傳「醫療委任代理人委任書」而進行註記。

- 然而，如此一來卻可能提高註記醫療委任代理人的作業門檻，

---

[19] 就「醫療委任代理人委任書」之書面，法律並無規定一定格式，可參衛生福利部發布「預立醫療決定書」參考格式之附件「醫療委任代理人委任書」版本（https://www.mohw.gov.tw/cp-16-44221-1.html，最後瀏覽日：2023年1月5日）；亦可參社團法人台灣澄雲死生教育協會設計版本（https://www.twchengyun.org/_files/ugd/8dbf27_8d79c93cc54d4279bdf96ada51bb0893.pdf，最後瀏覽日：2023年1月5日），或萬國法律事務所，「附錄一醫療委任代理人委任書」，載於《迎向超高齡社會之超前部署——Let's Do ATP!》。

從而降低民眾選任醫療委任代理人的意願，甚為可惜。是以，建議未來應考慮朝向將「預立醫療決定書」及「醫療委任代理人委任書」得各自分開上傳，並完成註記之方向調整。

　　選任醫療委任代理人後，本人亦得隨時以「書面」終止委任關係（病主法第 11 條第 1 項）。此外，醫療委任代理人如發生疾病或意外經相關醫學或精神鑑定認定心智能力受損，或受輔助宣告或監護宣告時，則構成當然解任事由（病主法第 11 條第 2 項）。

　　實際上，誰才適合擔任自己的醫療委任代理人呢？不妨可試著從以下幾點開始思考：是否為自己信任的人？願意和自己談論醫療、生命議題的人？理解並尊重自己想法的人？可以維護並落實自己價值觀、目標的人？等（亦可參表 2-1）。而於選任醫療委任代理人的過程，建議亦可邀請親近的家屬、朋友們一同參與。

表2-1　我的醫療委任代理人選任評量表

姓名 (A)：	姓名 (B)：	姓名 (C)：	選任評量項目
■是否符合法定資格（如符合評量項目，請打勾）〔合法性要件確認〕			
			1.年滿18歲
			2.就擔任醫療委任代理人並非不具意思能力
			3.不是我的受遺贈人
			4.不是我的遺體或器官指定之受贈人

表2-1 我的醫療委任代理人選任評量表（續）

			5.不是因我的往生，而獲得利益之人（但我的繼承人，不受此限制）
■選定評分〔合適性要件評量（「信任／信賴＋信心」之雙信原則」）〕			
			6.我所信任／信賴的程度？（請給予1～10分的評分）
			7.得與我溝通的程度？（請給予1～10分的評分）
			8.可維護我的想法、意願程度？（請給予1～10分的評分）
			9.擔任意願的程度？（請給予1～10分的評分）
			6～9項之總分
			10.評量其他考量因素（基於前述6～9項總分之評量外，請檢討是否有其他考量因素，而得加減上述總分10分）後之加減總分
			11.最終選任順位（即基於上述6～10項的加減總分評分，最終選任擔任醫療委任代理人之優先順位排序1～3）

◎請填入A、B、C三人姓名。
◎請就6～9每一項問題，於A、B、C姓名下相應欄位，予以評分，給予1～10分的分數。
◎評分後，合計A、B、C之6～9項總分，並參考A、B、C之總分，加上「10.其他考量因素」後，再加減總分10分後，得出加減總分。
◎基於加減總分，就我的醫療委任代理人優先順位排序1～3後，請填寫「醫療委任代理人委任書」，記入排序1～3位之醫療委任代理人。
◎建議邀集優先順位排序1～3之醫療委任代理人、家屬及摯友等，說明此醫療委任代理人之選任事宜。
◎建議定期邀集優先順位排序1～3之醫療委任代理人、家屬及摯友等，碰面聚會，利用ATP等工具，進行交流、對話。
◎如擬進行「預立醫療照護諮商」時，建議邀請優先順位排序1～3之醫療委任代理人、家屬及摯友等一起參加。

2-4-2-5 選定醫療委任代理人後

選任醫療委任代理人後，建議仍需定期與醫療委任代理人持續溝通，分享自己對於醫療、健康照護事項及決定的想法，因為個人健康狀況、醫療照護技術、社會經濟背景等並非一成不變，對於過去的想法、決定也需定期重新審視。透過此種滾動式檢討，也有助於釐清自己的思考決定方式，並使醫療委任代理人在溝通討論過程中能更了解自己的想法。

此外，前述討論過程建議並納入家屬、親友一同參與，除了使家屬、親友們對於醫療委任代理人的存在有所認識，更重要的是，讓摯愛的親友們也有機會能共享自己對於醫療照護事務、生命議題的想法，家屬、親友們也有做好準備的時間，亦有助於降低日後家屬間意見衝突發生的可能性。

簽署「預立醫療決定」及「醫療委任代理人」固均為本人自主權之行使。惟前者是「就事」，亦即原則上是由本人預為具體指示於將來特定狀況下，關於特定醫療處置之自主決定；而後者則是「選人」，即基本上是本人預先選定於本人如未來陷入無意思能力下，可代替本人進行特定醫療處置決定之人，兩者仍有不同，爰基於現行病主法規定，整理如表2-2。

表2-2　「預立醫療決定」與「醫療委任代理人」之比較

	預立醫療決定	醫療委任代理人
定義	指事先立下之書面意思表示，指明處於特定臨床條件時，希望接受或拒絕之維持生命治療、人工營養及流體餵養或其他與醫療照護、善終等相關意願之決定（病主法第3條第3款）。	指接受意願人書面委任，於意願人意識昏迷或無法清楚表達意願時，代理意願人表達意願之人（病主法第3條第5款）。

表2-2　「預立醫療決定」與「醫療委任代理人」之比較（續）

	預立醫療決定	醫療委任代理人
性質	本人所決定內容（事）。	本人所選任代理（人）。
本人／意願人	完全行為能力人＋參加全民健康保險＋領有全民健康保險憑證（病主法第3條第4款、第8條第1項前段）。	
程序	須先經預立醫療照護諮商（病主法第9條第1項第1款）。	應參與預立醫療照護諮商（病主法第9條第2項）。
核章證明	經醫療機構提供預立醫療照護諮商，並經其於預立醫療決定上核章證明（病主法第9條第1項第1款）。	×
公證／見證	經公證人公證或有具完全行為能力者2人以上在場見證（病主法第9條第1項第2款）。	×
註記	中央主管機關應將預立醫療決定註記於全民健康保險憑證（病主法第12條第1項）。更新註記：撤回或變更預立醫療決定（病主法第13條第1款）。	更新註記：指定、終止委任或變更醫療委任代理人（病主法第13條第2款）。
格式	預立醫療決定之內容、範圍及格式，由中央主管機關定之（病主法第8條第3項）。	×（無法定格式）
撤回、終止／變更	得隨時以書面撤回或變更（病主法第8條第1項後段）。變更預立醫療決定之程序，由中央主管機關公告之（病主法第12條第4項）。	得隨時以書面終止委任（病主法第11條第1項）。

2-4-3 認知症者之持續財務代理人

2-4-3-1 什麼是持續財務代理人？

　　小谷的媽媽幾年前發現自己有事情說過就會忘記之狀況，於是趕緊跑到附近醫院看診，當時並無大礙。豈料，幾年過後，相類似的情況加劇，小谷的媽媽也很有警覺，經醫師再次詳細檢查後才發現小谷的媽媽患有阿茲海默症，再加上小谷的媽媽年事已高，身體狀況每況愈下，肺部問題、腿部疾患等接踵而來，三不五時就需要跑醫院甚至住院治療，這也加速了小谷的媽媽精神狀況的惡化，因此衍生的醫療乃至於生活費用節節攀升，這全都由小谷一肩扛下。而小谷的媽媽覺得自己的時間不多了，感念自己的二兒子小谷從發病至今都陪伴在側，希望將名下長期持有的股票都賣一賣，然後把轉賣後的款項都給小谷，一方面補貼小谷負擔的許多醫療費用等，二方面也降低小谷及其他繼承人之後可能需要繳納的遺產稅之情形。幸好，小谷的媽媽在發病之初，就曾找律師諮詢做了安排，選任小谷擔任自己的持續財務代理人[20]，才讓小谷的媽媽決定要賣掉股票後，小谷得以直接代為處理相關事務，小谷的媽媽也可以在醫院繼續安心接受醫院的治療，小谷就這樣聯絡了券商人員，順利賣掉股票，隨後就再到銀行提領相關款項，總算完成小谷媽媽的一個心願。

　　而所謂的「持續財務代理人」之角色，就是像上面故事的小谷那樣，如果有一天小谷的媽媽發生其當初安排持續財務代理人時所設想的狀況（不論是選任時即生效或是待一定條件

---

[20] 同註19。

成就時才生效），則得由小谷代替小谷的媽媽做出財務上之代替意思決定，而財務上的事務，小至處理日常生活中的各種帳單，或者開立銀行帳戶、簽發支票，大至處分價值甚鉅的不動產，均可包括在內。又「持續」二字，指的是代理人之選任及代理之地位，不會因為本人在選任代理人後，如發生喪失意思能力狀況而受影響。甚且毋寧說就是因為本人為因應未來可能的喪失意思能力情形，以至於影響原定之選任及代理效力，乃進行所謂「持續代理人」之選任及持續代理關係之成立。是以，持續財務代理人即指經本人以口頭或書面所選任，就本人之全部或特定範圍之財務事項，於選任時起或特定條件成就（如本人喪失意思能力）時起，得代理本人進行代替意思決定而行使管理、處分等權限者。

BOX 2-12　代理關係 vs. 委任關係

- 依我國《民法》而言，代理權之授與（代理關係之成立）與其基礎法律關係（或稱內部關係如委任等），雖關係密切但兩者係有不同，不必然同時成立及生效，甚有所謂「代理行為獨立性、無因性」之論。是以，持續財務代理關係之成立生效，不必然於本人與代理人間，即同時成立所謂「委任關係」，先予敘明。
- 是以，如本人與代理人間，僅有代理關係而未有成立所謂如委任般之基礎法律關係，並不影響代理關係之成立。再基於「私法自治原則」，當本人與代理人間，同意縱使本人於代理關係成立後，如發生喪失意思能力情形，亦不影響代理關係之效力者，亦應無不可。從而，依我國《民法》下，持續財務代理關係之成立及選任持續財務代理人，應屬合法可行。

- 當然，亦不能排除本人與代理人間，於成立代理關係之同時，亦成立所謂「委任關係」，於此情形下，因本人與代理人間之約定，則《民法》有關委任之規定，當得適用於本人與代理人，並進而可能影響代理關係效力之餘地。
- 而有關持續財務代理人之權限，自應依本人選任代理人時所賦予之代理範圍等內容而定，通常得依據代理人選任書之內容予以確認。

2-4-3-2 為什麼需要持續財務代理人？

延續剛才提到小谷及其媽媽的案例。假設今天小谷的媽媽在發病之初並未設想指定一位持續財務代理人，但其臥床之際又想到要變賣股票，此際一連串的問題伴隨而來：券商人員是否接受小谷打電話指示轉賣股票？券商人員如何確認小谷的媽媽的真實想法？若小谷的媽媽因接受治療而根本沒有氣力思考這些事情，怎麼辦？小谷跟小谷的媽媽又要如何決定哪些股票要賣？股票轉賣後，小谷的媽媽要如何把大筆的款項匯給小谷？小谷要如何臨櫃辦理匯款？銀行人員若拒絕小谷代為辦理，則小谷的媽媽要如何處理？凡此，除涉及能否成功補貼小谷負擔之費用、降低小谷等其他繼承人之後可能需要繳納的遺產稅情形外，均在在牽涉「小谷的媽媽能否成功將股票變賣、款項匯給小谷」這樣的意願能否實現？因此，藉由持續財務代理人之選任，即有達成本人意願之餘地。

此外，萬一小谷的哥哥事後跳出來主張股票變賣一事並未經過媽媽的同意或授權，而指控小谷構成《刑法》的詐欺與偽

造文書等罪等情形時，如果有持續財務代理人之選任事實，亦可期待因應上開法律爭執之風險。

BOX 2-13　進階思考：為何需要持續財務代理人

- 根據網路媒體《報導者》在 2019 年刊出的一篇報導〈被高齡失智凍結的資產，今日困住家屬、明日動搖國本〉，即指出：「依日本保險公司第一生命的估算，到 2030 年，日本失智症病友掌握的資產將達到 215 兆日圓（約新台幣 58.6 兆元）；瑞穗綜合研究所也推估，至 2035 年，日本有價證券有 15% 持有在失智症老人手中。這類無法流通、動支的『死錢』，面對高失智時代來臨，恐形成另一股『金融風暴』，這樣的問題也已在台灣出現。」
- 是從類此的情況可知，如藉由持續財務代理人之選任及職務之行使，當可期待降低、甚且避免前述所謂「死錢」問題之嚴重化。

2-4-3-3 誰適合擔任持續財務代理人？

持續財務代理人的目的，是在為本人就財務事項做出代替意思決定。則持續財務代理人的人選，最重要的選任標準可謂「信任／信賴（trust）關係＋信心（faith）」（即所謂「雙信原則」）。一般來說，固多會先思考與自己有密切關係的家屬是否適合擔任持續財務代理人？畢竟與家屬多有諸多共同生活經驗，常理上較得獲本人之信任。不過擔任持續財務代理人，有時也會需要一些法律、會計的背景知識，以妥善處理「本人」的財務事項，此際家屬就未必會是最優先的選擇，舉例來

說，有會計基礎觀念的人會比較了解在管理他人財產時分設專戶的重要性，而有法律背景的人會比較知道如何行使被授與之權限，日後比較不會產生爭議。此外，選擇家屬擔任持續財務代理人也可能會使沒被選中的其他家屬產生不滿，進而造成家族成員間的嫌隙、誤會。所以，家屬未必是最好的選擇，也可以考慮找其他專業人士或親近友人擔任自己的持續財務代理人。

2-4-3-4 何時選任／如何選任／終止選任持續財務代理人

(1) 何時選任持續財務代理人？

　　一般來說，應在意思能力尚屬健全的時候，儘早安排持續財務代理人。由於持續財務代理人的選任安排有各種不同的變化，需要與專業人士進行深入討論後，較能做出最佳的選任安排。具體來說，在思考要選定持續財務代理人前，理當先整理自己的財產清單（操作上，或可先向國稅局調取相關資料），以了解到底有哪些財產日後要授權持續財務代理人進行處理、處理的權限到什麼程度等問題。再來，亦得就相關財產找尋相對應合適的持續財務代理人的不同人選，比如說，屬於日常財務事宜者（如繳納信用卡費、管理特定銀行帳戶），選定某甲擔任持續財務代理人，另有關重要資產交易者（如名下不動產的出售），則選定有法律／地政背景的某乙擔任持續財務代理人。

(2) 如何選任／終止選任持續財務代理人？

　　基於私法自治法則，理論上本人與代理人不論以口頭或書面同意，即可成立選定持續財務代理人之效果。惟於現實上，基於便利代理人行使職務、避免第三人爭執代理效力及證據保

存等考量，建議仍應簽訂持續財務代理人選定書等書面，並於書面中明確代理的期間、範圍等權利義務內容為妥。而選定持續財務代理人後，原則上於本人就終止選任事項，未陷入不具有意思能力下，本得隨時終止選任。同樣，基於避免第三人爭執代理效力及證據保存等考量，應盡可能就「終止」選任，亦以書面方式為之。

BOX 2-14　選任之留意事項

- 如同前述，基於私法自治法則，理論上本人與代理人不論以口頭或書面同意，即可成立選任持續財務代理人之效果。惟因持續財務代理人之職務行使往往涉及第三人（如銀行等）是否接受此選任，或是甚而爭執此選任之效力，進而將影響到選任之效果達成。

- 是以，為求降低或避免前述第三人爭執選任效力之情形，在選任前與第三人溝通說明選任持續財務代理人之想法，求得第三人之事前理解，甚且使用第三人所同意接受之選任書等文件。或是於選任後，再向第三人溝通說明，並進而調整為第三人所得同意接受之選任書等文件，皆為得考慮採行的做法。

- 當然，於簽立選任書等文件時，如能委請公證人進行公、認證者，亦值採行。同時，如能就選任過程予以錄影保全，甚且邀請非代理人之關係人如家屬等共同參與，皆為降低或避免前述第三人爭執選任效力情形之做法之一。

2-4-3-5 選任持續財務代理人之後

如同選任醫療委任代理人般，於選任持續財務代理人後，仍應定期檢視持續財務代理人的代理範圍有無需要調整之處，並定期地與持續財務代理人持續對話溝通，以利持續財務代理人得確實理解及掌握本人即時的意願、喜好等，而得以做出符合本人意願、喜好之財務代替意思決定。

同時，並得邀請非持續財務代理人之關係人如家屬等，共同參與同持續財務代理人持續對話溝通之過程，令該家屬等關係人理解本人之意願、喜好等及持續財務代理人之代理範圍，於積極面，得以協助持續財務代理人執行職務，另於消極面，則得期藉此降低或排除於持續財務代理人執行職務時彼此間發生之爭執。

2-4-4 認知症者之監護

2-4-4-1 認知症者不一定要利用意定監護制度

認知症的主要症狀之一，就是認知功能的持續退化及流動地變化。認知症者在這樣的症狀下，有可能會逐漸地或偶發性地對金錢、財產之運用失去處理能力，導致認知症者在無法充分理解特定行為之意義下，不自覺地揮霍財物、或遭到他人詐騙而衍生糾紛。

在《民法》增訂意定監護制度後，常見報章雜誌或法律評論總強調預先透過事前締結意定監護契約、選定意定監護人以保障認知症者之財產安全。然而，意定監護制度是否確為絕對保障認知症者權利之制度？或得從不同角度予以觀察，說明如下。

2-4-4-2 意定監護

(1) 監護之本質

意定監護為監護之一種，而監護制度，雖名為保障精神障礙或其他心智缺陷者，因無法就特定事項做出辨識、判斷，遂透過法院選定監護人方式，以代理或協助受監護宣告人做出法律上決定等之良善美意。但隨著社會、經濟文化的變遷，對人權保障、人格自我實現之理念愈發受到重視，監護制度之本質為何？以及是否存在過度侵害受監護之人人權等議題，亦廣受討論。

如聯合國於 2008 年通過 CRPD 所揭示者，身心障礙者如同一般人有平等享有人權和基本自由之權利，以實現其人性尊嚴及自主決定之權利。而作為公約相關權利之補充，CRPD 委員會對 CRPD 所做之一般性意見第 1 號即指出，監護（包括絕對監護及部分監護）制度屬於代替意思決定，其在目的及效果上造成歧視身心障礙者、剝奪身心障礙者法律能力情形；而代替意思決定之特徵包括：①否定某人的法律能力，即便只是針對某一項決定；②由本人以外的另外一個人任命代替決定者，並有可能違反本人意願；③代替決定者的任何一項決定，係依據其所相信的本人客觀上的「最佳利益」，而非其本人的意願及喜好。且 CRPD 委員會要求締約國應廢除代替決定相關機制，改以支援決定機制取代，以確保全面落實 CRPD 第 12 條的規定。

我國監護之法律效果（詳後述）符合一般性意見第 1 號所述之代替決定之特徵，是以，立法與政策宣導上，雖高舉監護制度對受監護宣告人之權益保障之名，實則於本質上卻已造成

對身心障礙者之歧視與不平等之限制，當有迫切全盤檢討之必要 [21]。

(2) 監護之法律效果

於 2008 年 5 月 2 日《民法》修正前，我國成年監護制度對於應受監護之人，係稱為「禁治產人」。「禁治產」之用語係指「禁止管理自己財產」之意，由此用語可略為窺知，立法者對於應受監護人所採取之措施，係全面剝奪對自己財產管理、處分之可能，藉此維護社會上交易的安全。其後「禁治產」之用語雖經修正改為「監護」，立法者並未進一步修正受監護之法律效果。依現行《民法》第 15 條規定，「受監護宣告之人，無行為能力。」同法第 1098 條第 1 項規定，「監護人於監護權限內，為受監護人之法定代理人。」

我國《民法》於 2009 年 5 月 24 日增訂意定監護制度，於本人意思表示健全時，得預為決定監護人之人選，及監護人行使其職權之方式等，俟萬一本人因「精神障礙或其他心智缺陷，致不能為意思表示或受意思表示，或不能辨識其意思表示之效果」時，得由聲請權人為監護宣告之聲請，並由法院按照意定監護契約，選任意定監護契約之受任人為監護人。然而，意定監護制度看似賦予本人預先擇定意定監護人之自主決定權，實則本人一旦受法院裁定受監護宣告，其法律上之能力所受限制（即成為無行為能力人），仍然與法定監護制度無二，並無法脫卻監護制度之本質，故同樣存在 CRPD 委員會就監護制度所指摘之種種問題。

---

[21] 相同見解，參黃詩淳、陳自強主編，《高齡化社會法律之新挑戰：以財產管理為中心》（編著自刊，2019年4月2版1刷），第24頁以下。

BOX 2-15 IRC 就執行 CRPD 之結論性意見

我國雖非 CRPD 締約國，但已將 CRPD 國內法化，除制定及施行 CRPD 施行法外，亦邀請國外專家組成 IRC 以審查我國推動 CRPD 之狀況及提出建言。依 IRC 分別於 2017 年 11 月初次國家報告結論性意見第 38 點，對於受監護宣告的身心障礙者在許多情況下，不具有法律行為能力，無法表達其意願、偏好或行使自主權乙節表達關切，以及 2022 年 8 月第二次國家報告結論性意見第 63 點，亦重申我國應以建立強而有力的系統，使支持性決策取代目前的監護規定。

2-4-4-3 意定監護之代替措施

認知症者之認知功能，係逐漸退化及流動地變化，逐漸退化之過程中，從輕度進入中度、重度、末期症狀之進程速度，也因個人情況有所不同。認知功能輕度退化之認知症者，就特定事項仍有可能為意思表示或受意思表示，或辨識意思表示效果之能力，根本尚未達到「顯有不足」的程度；認知功能嚴重退化之認知症者也未必對特定事項一定已經全然到達「不能」為意思表示或受意思表示，或「不能」辨識其意思表示之效果的程度。因此，締結意定監護之本人（委任人）將來縱然確診認知症，於法律上亦未必應受監護宣告。因此，事前締結意定監護契約、選定意定監護人與保障認知症者之財產安全兩者之間，未必具有必然之關係，應予辨明。

呼應由代替意思決定至支援意思決定的典範轉移國際潮流，CRPD 第 12 條第 3 項揭示締約國有義務提供身心障礙者

於行使法律能力時所需的支援，以便使身心障礙者能夠做出具有法律效力的決定。關於受監護人之財產管理目的，除藉由代替意思決定之監護，而以法院之公權力介入，為受監護人選任監護人，以代理作為決定之成年監護制度外，尚可藉由其他法律制度達到相同目的，並同時尊重受監護人本人之自主意思效果，以降低對監護宣告之需求或避免監護宣告之聲請[22]，此即所謂監護之替代措施。於國際實踐上，有英美之持續性代理權授與（lasting power of attorney, LPoA; durable power of attorney, DPoA）及信託（living trust）等做法等可資參考[23]。

上述英美之持續性代理權授與制度，從私法自治出發，取代公權力以「監護」介入保護之精神，應可提供另一種思維觀點，而重新檢討以保護為名的父權式立法之妥適。至於，信託於各國法制內涵大同小異，金融監督管理委員會著眼於此，於2010年9月1日發布信託2.0「全方位信託」推動計畫，以因應高齡及少子化趨勢，更可見信託作為監護之替代措施於我國發展之潛力。

2-4-4-4 意定監護人之職務行使

於我國《民法》採行意定監護制度情況下，意定監護人之職權行使應盡可能尊重認知症者意願、喜好。《民法》第

---

[22] 於美國，如受監護人已將其財產透過持續性代理權授與或信託等制度妥善規劃，法院得認為並無宣告監護之必要，而駁回監護宣告之聲請。

[23] Lawrence A. Frolik, "How to Avoid Guardianship for Your Clients and Yourself!" *Experience*, 23 (2013), p. 26, U. of Pittsburgh Legal Studies Research Paper No. 2013-27, https://papers.ssrn.com/sol3/papers.cfm?abstract_id=2314589（最後瀏覽日：2023年6月30日）。

1112 條規定：「監護人於執行有關受監護人之生活、護養療治及財產管理之職務時，應尊重受監護人之意思，並考量其身心狀態與生活狀況。」即有明文[24]，可知尊重本人之自主權乃監護人職權行使之指導原則，受監護人在法律上雖因失去行為能力經認定無法為有效法律行為之意思表示，但對於受監護人之意思，監護人仍應最大程度地予以尊重。若受監護人無法自行表達（例如昏迷中的人），如前述說明，監護人應基於「代替判斷原則」及／或「最佳利益原則」（如 Chapter 2-4-1 所示），以受監護人可得探求的意志（例如先前的意見表達、價值觀、宗教上的確信、以及徵詢親友過去與當事人互動之印象）為準。

---

[24] 監護人所得行使受監護人之生活、護養療治及財產管理之職務範圍，是否包含受監護人之醫療決定事項？容有不同看法。於美國大致採取肯定立場，但於日本卻以否定立場為主流。在台灣論者之立場，亦尚未臻一致，惟縱使採行肯定立場，監護人應留意遵行《民法》第1112條所明文之「應尊重受監護人之意思，並考量其身心狀態與生活狀況」規定，自不待言。

Memo

Chapter *3*

認知症者之平等及不受歧視權

- Chapter 1 論述認知症者權利保障之重要性及必要性，且明揭「認知症者之主體性」是權利保障之基軸。
- 於「認知症者主體性」之權利保障基軸下，Chapter 2 詳為介紹認知症者之自主權及其行使，並說明認知症者之意思能力及意思決定。
- 鑑於當前社會仍普遍存在對於認知症之誤解、負面及污名化，甚且歧視認知症者情形，Chapter 3 將進一步論析基於「認知症者之主體性」，認知症者所享有之平等及不受歧視權，以期提升民眾對於認知症者之主體性認識，並深化認知症者權利行使保障之落實。

3-1 對認知症者之歧視狀況

　　不容諱言，當前社會對於認知症仍存在眾多誤解，甚且污名化認知症者及歧視認知症者與其家屬，進而造成認知症者與其家屬於日常生活所承受壓力加劇，惡化認知症者之相關症狀。爲改善此種社會現象，至少在法律面，應立於認知症者主體性之基軸，理解及尊重身爲主體之認知症者，應有權與非認知症者之其他人受到平等對待，以及享有不受歧視的權利。

　　以下於說明認知症者所受到生活上、法律上之歧視情形後，再介紹 CRPD 有關身心障礙者之平等及不受歧視權相關規定，進而提出如何落實保障認知症者之平等及不受歧視權之簡要建言。

3-1-1 生活上受歧視情形

　　國人對認知症的認識不足，往往是導致對於認知症者產生歧視狀況的主因。一般民眾常有的錯誤認知，包含認爲認知症是老化症狀之一、認知症者皆會伴隨失能問題，以及無法自理生活等情形。且民眾對認知症者出現周邊症狀行爲的恐懼（BOX 1-1），甚而對症狀的污名化，不但妨礙認知症者就診意願，也造成認知症者及其家屬承受一定的社會壓力。

　　然而，國內認知症者有 9 成以上是居住在家中，6 成以上無失能或僅有輕度失能問題，顯示即使被診斷爲認知症，尤其是輕度認知症者，其實仍可透過身旁家屬或親友的協助或環境

的改善，而參與社區活動，維持有品質的生活[1]。

BOX 3-1　「你才失智」！

- 社群媒體曾有人上傳一段短影片。主要是記錄一位 A 女士推著坐在輪椅上的 B 老翁搭乘捷運時，因 A 女士似乎接連兩次故意推動輪椅撞擊靠近輪椅之其他乘客，引發目擊 A 女士此種故意撞擊其他乘客行為之 C 男士不滿而出聲指責，進而發生 A 女士及 C 男士在捷運上之言語爭執。爭執中，C 男士數度指責 A 女士此種故意以輪椅撞擊乘客之行為外，並詢問 B 老翁是否接受允許 A 女士此種行為？

- A 女士即回稱：「他『失智』，他什麼都不懂。」C 男士則馬上回稱：「我看『妳才失智』……。」由以上 A 女士及 C 男士對於所謂「失智」之對話，應可感受到兩人對於所謂「失智」，似乎仍屬於「負面」、「偏見」、「歧視」及「標籤化」之刻板理解及認識之情形。

- 是以，如何提升民眾對於「認知症」之理解及認識，並認同認知症者是權利主體，應與非認知症者相同而受到平等的對待及不受歧視，確實是一個構建認知症友善社區及共生社會，必須持續努力的課題。

---

[1]　「打破對於失智的迷思與歧視 國際失智症月起跑」，《國民健康署》，https://www.mohw.gov.tw/fp-16-43628-1.html（最後瀏覽日：2023年3月23日）。

3-1-2 法律上受歧視情形

認知症者除了在生活上可能遭受歧視以外，法律實務上，就認知症者是否能做出有效之意思表示或／及法律行為的認定上，也常有歧視的狀況發生。

按《民法》第 75 條規定：「無行為能力人之意思表示，無效；雖非無行為能力人，而其意思表示，係在無意識或精神錯亂中所為者亦同。」而無行為能力人是指未滿 7 歲的未成年人或受監護宣告之人（民法第 13 條第 1 項及同法第 15 條）。另外，立法者考量到雖非無行為能力人，但對於自己行為或其效果如欠缺正常判斷、識別及預期之精神能力，而無從以自己獨立之意思表示為有效法律行為時，與無行為能力人之行為並無區別，故在同條後段規定於 (1) 無意識或 (2) 精神錯亂中所做的意思表示，亦為無效。

一般而言，認知症者經確診後，家屬並不當然會為其辦理監護宣告之程序（例如認知症情況並不嚴重，或家屬未了解監護宣告之意義或必要性等）。因此，司法實務中，常見兩造就認知症者是否符合 (1) 無意識或 (2) 精神錯亂的情形，或其所做的意思表示是否無效等激烈交鋒。

就此，法院在認定上，常常忽略認知症並非無時無刻均有症狀的特質，容易一概地判認行為人在確診認知症後，其任何時候所為的意思表示均為所謂的 (1) 無意識或 (2) 精神錯亂，進而認定其所為的意思表示皆屬無效。此種見解，顯然未尊重認知症者，甚且不自覺地已剝奪認知症者表達意思的權利及其主體性，其實亦是一種歧視的呈現。

例如，在某一兩造爭執認知症父親 A 君在生前簽署買賣

契約效力的案例中，醫院在照會單上記載 A 君出現認知症現象已 2、3 年，其會談時理解力不佳，內容無法切題，出現虛談現象，內容答非所問，面部表情茫然等語。最高法院認定，雖然同份照會單上有記載 A 君當時「注意力集中、意識清晰」，但所謂「注意力集中、意識清晰」與「判斷能力」不同，前者係指鑑定者與受鑑定者雙方互動之狀態；後者則涉及受鑑定者抽象思考能力問題。換言之，能對話並簽名，但不了解簽名之法律效果者，仍屬欠缺意思能力。最高法院因此認定，A 君在契約上簽名時可能無意思能力，其所為意思表示可能無效，因此廢棄原判決並發回二審法院[2]。二審法院後續認定，A 君自 2004 年起既已缺乏抽象思考能力，復已無主動判斷之能力，甚而無法說出家人名字，並有逐漸惡化之趨勢，則衡情而言，於 2005 年 1 月 27 日系爭土地買賣所有權移轉契約書訂立時，顯難理解土地移轉登記之意義及法律效果[3]。

　　依上開案例，法院單以 A 君在 2004 年有認知症現象或會談時理解力不佳、缺乏抽象思考能力等狀況，忽略 A 君之注意力尚可集中且意識清晰等可能，即認定 A 君在隔年簽署契約當下屬於所謂「無意識」之情形，並否定 A 君可能在簽署買賣契約的當下或許能夠充分理解簽約之意涵，並進而表達自己意思的可能。

　　因此，從上開判決可以看出，司法實務似未尊重確診認知症者之意思能力，且未詳加確認。蓋該判決在未詳加研求 A 君於 2005 年「簽約當下」，就該買賣契約事項之意思能力狀態，

---

[2]　最高法院102年度台上字第520號民事判決。
[3]　台灣高等法院台中分院102年度上更（一）字第5號民事判決。

徒以先前的醫院報告即推認 A 君可能無意思能力，有待商榷。

BOX 3-2　無從推論認知症者有意思能力？

- 台灣高等法院 108 年度重家上字第 15 號民事判決明揭：「於 102 年間於和平醫院所作腦部電腦斷層攝影，顯示大腦功能呈現廣泛性退化，更於 104 年 4 月 7 日經台北市立聯合醫院為精神鑑定，認定張○精神狀態已達精神喪失程度，直至 104 年 6 月 29 日受監護宣告，可見近 9 年期間之失智症病程係呈進行式、不可逆趨向，⋯⋯縱張○於 104 年 6 月 29 日始受監護宣告而成為無行為能力人，惟僅距張○為前揭行為 2、3 月餘，以張○所患之病程以觀，無從推論張○為系爭行為時，對於為遺囑、贈與系爭房地、交付系爭款項等法律行為有意思能力。」之要旨，且此判決並經最高法院 109 年度台上字第 659 號民事裁定予以維持在案。

- 就高院判認「無從推論張○為系爭行為時，對於為遺囑、贈與系爭房地、交付系爭款項等法律行為有意思能力」而言，是否顯示高院實基於張○既係中重度認知症者，即對於贈與系爭房地等法律行為，理應不具有意思能力之立場？若如此立場，是否即與應先「推定」張○具有意思能力之原則，有所衝突？而此衝突情形是否另顯示於司法實務上，確實存在對於認知症者應具有意思能力之歧視？

3-2 CRPD 有關身心障礙者之平等及不受歧視權

3-2-1 CRPD第5條：身心障礙者之平等及不受歧視權

CRPD 第 5 條明文：「1. States Parties recognize that all persons are equal before and under the law and are entitled without any discrimination to the equal protection and equal benefit of the law. 2. States Parties shall prohibit all discrimination on the basis of disability and guarantee to persons with disabilities equal and effective legal protection against discrimination on all grounds. 3. In order to promote equality and eliminate discrimination, States Parties shall take all appropriate steps to ensure that reasonable accommodation is provided. 4. Specific measures which are necessary to accelerate or achieve de facto equality of persons with disabilities shall not be considered discrimination under the terms of the present Convention.」由此可見，CRPD 要求 (1) 在法律之前、法律之下，所有人均為平等及有權不受任何歧視而享有法律之保護及利益；(2) 所有基於身心障礙之歧視，均應禁止，以及在各方面對於身心障礙者應予以平等及有效之保障，以對抗歧視；(3) 為促進平等及排除歧視，應採取合適之步驟，以確保提供合理調整（reasonable accommodation）；(4) 為加速或達成身心障礙者事實上平等之特別措施，不應被解為構成 CRPD 所指之歧視。

3-2-2 CRPD委員會之一般性意見第6號

另依 CRPD 委員會於 2018 年提出一般性意見第 6 號
（General Comment No. 6），就 CRPD 第 5 條進一步闡釋說
明如下要點[4]：

(1) 平等及不受歧視與人性尊嚴相互關聯，是所有人權之基
石，是所有人權公約的核心。

(2) 平等及不受歧視是 CRPD 的核心部分，於條款中持續而全
面地藉由反覆使用「在與其他人平等之基礎上」（on an
equal basis with others），連結不受歧視原則與 CRPD 中
所有實質權利。

(3) CRPD 第 3 條所示之「機會均等」（equality of opportu-
nity）一般原則揭示著從「形式平等模式」（formal model
of equality）到「實質平等模式」（substantive model of
equality）。

(4) 包容平等（inclusive equality）是 CRPD 所提出的新平等模
式；涵蓋實質平等模式及包括：①公平再分配面向，以處
理社會經濟之不利益；②承認面向，以對抗標籤化、成見
及偏見等，同時，承認人性尊嚴與彼此之互動性；③參與
面向，以重申人們作為社會群體成員的社會本質，及藉由
社會融入而完整承認；④調整面向，留出空間予人性尊嚴
之差異。

(5) 平等及不受歧視是 CRPD 其他原則與權利的詮釋工具，亦
是 CRPD 所保障的國際保護基石。促進平等及處理歧視是

---

[4] https://digitallibrary.un.org/record/1626976（最後瀏覽日：2023年6月5日）。

應立即落實之跨領域義務，並不只是逐步實現。

(6) CRPD 第 5 條第 1 項「equal before and under the law」是指人們有權在法律適用上受到平等對待，而「equality under the law」則是指使用法律以維護個人利益之權利。因此，不該有法律允許特定之否認、限制身心障礙者之權利。

(7) CRPD 第 5 條第 2 項之禁止所有歧視，包括直接歧視（district discrimination）、間接歧視（indirect discrimination）、拒絕合理調整（reasonable accommodation）及騷擾（harassment），如表 3-1。

表3-1　四種歧視形式

歧視形式	內容
直接歧視	在類似情況下，基於個人的不同狀況，因為某種禁止理由，身心障礙者所受待遇不如其他人。例如學校不改變課程而拒絕身心障礙之學童入學等。
間接歧視	即法律、政策或做法表面上中立，但對身心障礙者存在不成比例之負面影響。例如學校不提供易讀格式的書本，而間接地歧視雖形式上可入學就讀之智能障礙者，致該智能障礙者事實上卻不得不到另一所學校學習等。
拒絕合理調整	並未造成不成比例或不當負擔（disproportionate or undue burden）之必須與適當的修正或調整，如經拒絕，而此修正或調整係確保平等享有或行使人權或自由所需要者，則此拒絕合理調整即構成歧視。例如不接受陪同人員，即構成拒絕合理調整之歧視。
騷擾	指與身心障礙或其他被禁止理由有關的不受歡迎行為發生時，目的或作用是侵犯人的尊嚴及製造令人生畏、敵對、有辱人格、羞辱或侮辱性的環境。

另外，歧視可基於單一特徵如認知症症狀，或多重交叉特徵如認知症症狀加上高齡者身分。此種多重交叉特徵之歧視可稱為「交織歧視」（intersectional discrimination），且此交織歧視可呈現於直接歧視、間接歧視、拒絕合理調整或騷擾。再者，所謂「多重歧視」（multiple discrimination）是指一個人受到兩個或更多理由之歧視，而加深或惡化歧視的狀況。至於前述交織歧視則是指多個歧視理由，同時以無法切割的方式相互作用，進而使相關個人受到特殊形式的不利及歧視。另如係針對與身心障礙者相關者如家屬等之歧視，可稱為「連帶歧視」（discrimination by association）。

CRPD 第 5 條第 2 項「equal and effective legal protection against discrimination」規定，是指締約國有積極義務保護身心障礙者免受歧視，並應制定具體及全面禁止歧視法規。而對於身心障礙者在法規明確規定禁止基於身心障礙及其他歧視之同時，締約國並應在民事、行政及刑事程序，對於交織歧視應提供適當及有效的法律救濟及制裁。

一般性意見第 6 號除就歧視進行如上之相關論述外，亦於第 23～27 點就 CRPD 第 5 條第 3 項之「合理調整」詳為介紹說明。茲基於上揭一般性意見第 6 號第 23～27 點及一般性意見第 1 號第 34 點之主要意旨，整理成表 3-2。

表3-2　合理調整概要

定義	• 所謂合理調整，依CRPD第2條第4項定義，係指根據具體需要，於不造成過度或不當負擔之情形下，進行必要及適當之修改與調整，以確保身心障礙者在與他人平等基礎上享有或行使所有人權及基本自由。

表3-2　合理調整概要（續）

性質／啓動	• 係於身心障礙情形下，所應立即適用之不歧視義務的內在組成部分。 • 是一項個別化的被動義務，從收到提供調整請求時，即為啓動。
與行使法律能力支援之不同	• 不受歧視包括於行使法律能力之合理調整權，而此合理調整權雖與行使法律能力之支援有所互補，但兩者仍有不同。合理調整受到需不造成過度或不當負擔之限制；但行使法律能力之支援則無此限制，國家有絕對義務提供行使法律能力之支援利用。 • 另合理調整可包含利用必要機構（例如法院、銀行等）、具法律效果決定之相關可用資訊、個人協助等。
與無障礙義務之不同	• 兩者雖皆確保無障礙，但無障礙義務是一種事前責任，而合理調整則是即時責任。 • 事前責任，是指無障礙義務必須置入於各種系統及程序中，而非考慮某特定身心障礙者的需求。例如在與其他人平等基礎上使所有人得方便進出建築物等。 • 即時責任，是指從一位身心障礙者需求進入有障礙情況或環境，或擬行使權利之時起，就負有必須提供合理調整之責任。
需求提出	通常（但非必須）是由需求者、個人或團體代表所提出。合理調整應與申請者協商，且由義務承擔者與個別身心障礙者進行對話。
提供合理調整義務內容	• 課予合理調整之積極法律義務。是於特定情形下，為確保身心障礙者得享有及行使其權利，應提供必要及適當的修改或調節之合理調整的義務。而拒絕提供合理調整之理由，必須基於客觀標準、分析，並及時地與相關身心障礙者溝通。 • 確保所需之調整不會對義務承擔者施加不成比例或不當的負擔。不成比例或不當的負擔設定了提供合理調整義務之限度。惟義務承擔者對於構成不成比例或不當的負擔，負有舉證義務。

表3-2 合理調整概要（續）

與具體措施之不同	• 具體措施，是指為加速或實現身心障礙者之事實上平等，所採取的積極措施或優惠性差別待遇。 • 兩者雖皆為實現事實上平等，但合理調整是一項不歧視義務；但具體措施（specific measures）則在優先提供身心障礙者而非其他人，以處理歷史及／或系統地排除行使權利所得之利益。
與程序調整之不同	於近用司法下之程序調整（procedural accommodations）不應與合理調整混淆。後者受到不成比例之限制，但前者則無此限制。
引導施行合理調整義務的關鍵因素	與相關身心障礙者對話、評估某調整是否法律上或實務上可行、評估某調整就確保實現所涉權利是否相關或有效、評估修正是否施加不成比例或不當負擔予義務承擔者、確保合理調整是適合達成對於身心障礙者促進平等及排除歧視的基本目標等。

3-2-3 認知症者之平等及不受歧視權

　　如同前述，2008 年生效之 CRPD 第 2 條，明確定義何為「基於身心障礙之歧視」，並說明歧視可能包含直接歧視、間接歧視、騷擾、系統性的歧視，並進一步提倡應從保障身心障礙者之形式平等轉換為實質平等。

　　另 CRPD 第 5 條及第 12 條復闡明身心障礙者在法律之前享有平等保障及平等受益，並要求締約國應禁止所有基於身心障礙之歧視，保障身心障礙者獲得平等與有效之法律保護，使其不受基於任何原因之歧視，並得採取適當措施提供身心障礙者享有合理之對待，使身心障礙者得於法律之前獲得平等承認。此外，CRPD 亦肯認國家應有積極透過合理調整以促進實

質平等、弭平一切歧視的義務。

　　是以，以「在法律之前享有平等權利」以及「獲得平等承認」之前提下，應以「身心障礙者」作為主體考量，使其應享有與他人「平等」的法律能力，始謂享有「不受歧視」的權利。

　　認知症者由於認知能力之退化，且其退化與各種障礙相互作用，當可能阻礙認知症者與他人得於平等基礎上充分有效參與社會。是以，認知症者符合 CRPD 所定義之身心障礙者之一。故上述 CRPD 有關身心障礙者之平等及不受歧視之保障規定，於認知症者自應皆有適用。從而，認知症者於法律上仍應享有與他人平等的法律能力，以達成 CRPD 所揭示的「在法律之前享有平等權利」以及「獲得平等承認」的地位。

BOX 3-3　日本《障害者差別解消法》

- 日本於 2013 年 6 月 26 日公布《障害者差別解消法》，目的在於明揭禁止對於障害者之差別待遇，推進基於障害為由之差別的解消，並藉此解消之推進，有助於全體國民相互尊重而促成共生社會之實現等。
- 該法並明文闡釋解消差別之應有措施及相應之支援措施。解消差別之應有措施，如國家（含地方政府，下同）及民間事業等負有禁止基於障害為由，而將障害者與非障害者，予以差別待遇之法定義務（禁止對於障害者之差別待遇），並應採取必要之具體因應措施。同時，國家並負有提供合理調整之法定義務。亦即，禁止國家不提供合理調整予障害者。然民間事業就合理調整之提供，僅負有協力義務。
- 至於前述相應之支援措施，則包括紛爭協商解決機制之整備、差別解消之協調合作及啓發活動之推展等。

3-3 認知症者平等及不受歧視權之保障

　　目前實務上可能因爲對認知症的認識較低，而存在許多認知症者受歧視現象。例如 Chapter 3-1-2 中的案例可以看出，法院因爲該人罹患認知症或出現認知能力退化現象時，即輕易地認定該人進行所有行爲時，均爲無意思能力的狀態，進而判認該行爲人係無意思能力，其所爲的意思表示當然無效的可能性很高。抑或是，只要該人已確診認知症，多數人可能認爲應採取聲請監護宣告來「保護」認知症者始爲妥適，造成該行爲人容易在法律上被作爲無行爲能力人，而法律能力受完全剝奪。

　　就此，爲使認知症者得於法律上享有與他人平等且不受歧視權，宜參酌 CRPD 內容，以及國際審查委員會（IRC）所提出歷次審查意見而進一步調整相關法制或透過具體措施，以改善認知症者於法律上受到歧視的情形。例如：

(1) 明文保護認知症者不受歧視之平等立法

　　如同 IRC 於兩次結論性意見所示，均明確建議我國制定保障身心障礙者不受歧視之平等立法外，復鑑於前述當今社會確實仍存在對於認知症之眾多誤解、污名化認知症者及歧視認知症者與其家屬之情形。是以，制定明文保護認知症者不受歧視之平等立法，確屬落實保障認知症者之平等及不受歧視權可得採行的具體做法之一（詳細另參 Chapter 6-2-1）。其次，於此不受歧視之平等立法中，參酌上述 CRPD 及一般性意見第1、6 號有關合理調整之內容，明文納入合理調整相關規定，就落實保障認知症者之平等及不受歧視權，應屬必要。

(2) 加強司法實務工作者對於認知症及 CRPD 等相關理解之研習

　　如司法實務工作者對於認知症的認識較低，則在判斷認知症者就特定事項是否不具有意思能力時，可能易流於寬鬆；另就是否採納認知症者的證言時，復可能做出較為消極的認定。因此或可透過司法主管機關提供以法官、檢察官、法院職員、律師等司法實務工作者為對象之相關訓練及檢討實務指引，使司法實務工作者得以較為正確的認識來處理與認知症者相關案件[5]。尤其 CRPD 及 CRPD 委員會所提出之一般性意見更是攸關認知症者權利保障之理解及落實，當有必要強化司法實務工作者就此之研習。

(3) 謙抑適用監護制度

　　由於認知症者如受監護宣告，實質上是剝奪該認知症者為法律行為的法律能力，是對於監護人或輔助人之選任時，法院實應積極理解衡酌認知症者的意見下，始做出評估[6]。再者，為維護認知症者與他人同享作為權利主體的權利，立法者應從「保護認知症者」轉為「保障認知症者的權利」來檢討行為能力制度存在的妥當性[7]，即於透過法律制度的改變，由積極對認知症者做出代替決定的現況，逐漸轉向尊重認知症者之個人意

---

[5]　依 IRC 於 2022 年 8 月 6 日就我國施行 CRPD 第二次國家報告結論性意見第 64 點 b，即建議司法院確保法官學院為台灣的每位法官和法院工作人員提供有關「International Principles and Guidelines on Access to Justice for Persons with Disabilities」（障礙者近用司法之國際原則與指引）的培訓等。

[6]　戴瑀如，〈由聯合國身心障礙者權利公約論我國成年監護制度之改革〉，載於黃詩淳、陳自強主編，《高齡化社會法律之新挑戰：以財產管理為中心》（編著自刊，2019 年 4 月 2 版 1 刷），第 69-70 頁。

[7]　同註 6。

願與喜好的支援決定，以進一步取代目前的監護制度[8]。

BOX 3-4　IRC 有關平等及不受歧視之結論性意見

如同前述，我國係邀請國際專家組成 IRC，以審查我國推動 CRPD 之狀況及提出建言。迄 2022 年止，IRC 計提出二次之結論性意見（2017 年 11 月初次結論性意見及 2022 年 8 月第二次結論性意見），關於身心障礙者之平等及不受歧視之建議部分，主要為：

- 國家應立法禁止基於身心障礙之歧視，並確保身心障礙者之實質平等（初次結論性意見第 23 點 a）；但我國迄今未能提出足以適當保護身心障礙者不受歧視之平等立法（第二次結論性意見第 20 點）。
- 應將合理調整納入各項國內法規，並確保法律規定拒絕合理調整即構成歧視（初次結論性意見第 23 點 b）；但我國迄今未能提出包括規定拒絕合理調整即構成歧視之足以適當保護身心障礙者不受歧視之平等立法（第二次結論性意見第 20 點）。
- 應設置有效機制，以全面監督身心障礙相關法律內容符合規定，包括提供身心障礙者尋求救濟及損害賠償機會（初次結論性意見第 23 點 c）。
- 法律、政策及法規中持續存在歧視性條款，使身心障礙者無法與其他人在平等的基礎上享有 CRPD 所述的權利（第二次結論性意見第 22 點）。

---

[8] CRPD第二次國家報告國際審查會議結論性意見第63點、第73點。

Chapter 4
認知症者之不受虐待權

- 於 Chapter 3 已介紹說明認知症者享有平等及不受歧視權，然不可諱言，認知症者於當今社會上仍無法完全避免受到歧視及不平等對待。於受到歧視及不平等對待情形下，進而即令認知症者更易暴露於受到虐待（abuse）之風險境地。

- Chapter 4 將 (1) 先為檢討認知症者之虐待議題，再 (2) 探究 CRPD 第 16 條身心障礙者之不受剝削、暴力及虐待權於認知症者之適用，以及 (3) 論述保障認知症者不受虐待權之不足及其改進建議，以期認知症者之享有及行使不受虐待權，能夠更受到完整保障。

4-1 認知症者之虐待

4-1-1 定義

何謂「認知症者虐待」？目前並無統一的定義。鑑於罹患認知症之高齡者屬於受到虐待之高風險族群[1]，爰參考世界衛生組織（WHO）就高齡者虐待（elder abuse）的定義[2]，則「認知症者虐待」，得解為「發生於一個可能信賴關係（implication of trust）下，而導致認知症者受到傷害或痛苦之單次或重複之行為、或缺乏適當之行為」。是以，「認知症者之虐待」可能是單次或重複作為如身體之傷害行為、財物之搾取行為等，或是忽視應予提供飲食等適當行為之不作為等。且虐待之成立，固然施虐者（abuser）與受虐者間常存有「信賴關係」（trusting relationship）（例如與家屬間、與機構之照護人員間），但此信賴關係並不一定達到確實存在之程度（例如共同居住或簽訂契約等），而只要有此信賴關係形成之可能即可（如與網路之買賣雙方、交友對家等）。而由於認知症者不外與家屬於居家共住，或是於醫院或機構接受照顧，因此住家、醫院或機

---

[1] 高齡者是否罹患認知症，就高齡者虐待之形式、照顧需求及危險因子（risk factors）之差異分析，Michaela M. Rogers, Jennifer E. Story & Sonia Galloway, "Elder Mistreatment and Dementia: A Comparison of People with and without Dementia across the Prevalence of Abuse," *Journal of Applied Gerontology*, 42(5): 909-918, https://www.ncbi.nlm.nih.gov/pmc/articles/PMC10084452/pdf/10.1177_07334648221145844.pdf（最後瀏覽日：2023年8月5日）。

[2] Tackling Abuse of Older People: Five Priorities for the United Nations Decade of Healthy Ageing (2021-2030), https://www.who.int/publications/i/item/9789240052550（最後瀏覽日：2023年1月11日）。

構均容易成為認知症者之受虐現場，甚如網路之虛擬空間亦可能成為網路上財務剝削之財務虐待場域。

BOX 4-1　認知症者之虐待 vs. 高齡者虐待及家庭暴力

- 伴隨著高齡，認知症於高齡者之盛行率固然提高；然不能因此即逕將認知症者等同於高齡者，如所謂年輕型認知症者，即不能等同於高齡者甚明。另在認知症者亦是高齡者情形下，認知症者虐待與高齡者虐待固有共通部分，但並非完全等同，兩者之危險因子仍是有所差異的。因此，不宜逕執對於高齡者虐待之理解及因應做法，而完全適用於認知症者虐待，應基於個案具體狀況，而分別或同時基於認知症者虐待或／及高齡者虐待情形，予以因應為宜。

- 再者，認知症者虐待之受虐者與施虐者間未必存在家庭成員之關係；惟家庭暴力（domestic violence）之成立前提，卻是以「受虐者與施虐者間，必須存在家庭成員之關係」為要件（《家庭暴力防治法》第2條第1款）。是以，在受虐者係認知症者，且此受虐者與施虐者間亦存在家庭成員關係下，認知症者虐待與家庭暴力固有共通部分，但仍非完全等同。不能逕將認知症者虐待等同於家庭暴力甚明。因此，並不宜執對於家庭暴力之理解及因應做法，而逕行完全適用於認知症者虐待，應基於個案具體狀況，而分別或同時基於認知症者虐待或／及家庭暴力情形，加以因應為宜。

4-1-2 受虐者vs.施虐者

　　於認知症者虐待情形，受虐者當是認知症者本身。每位認

知症者皆可能在不同場合、不同情境脈絡下，遭受到不同形式之虐待，以至於成為受虐者。而伴隨認知能力的退化，於遭受不同形式之虐待時，認知症者本身甚至可能並未認知已受到虐待。另於認知症者存在暴力行為等周邊症狀（BPSD）情形時，認知症者不僅可能是受虐者，甚且亦可能成為對於其他認知症者之施虐者而不自知（尤其於照顧認知症者共同居住之機構內）。且在自我忽視（self-neglect）情形下，認知症者即可能是施虐者且亦是受虐者。

　　至於施虐者，不僅與認知症者密切接觸及互動之家屬、醫療人員及照顧者等，可能成為施虐者；縱與認知症者只是單次接觸者（例如賣場店員或公車司機等），亦可能成為施虐者。而前述與認知症者密切接觸及互動之家屬、醫療人員及照顧者等，雖可能成為施虐者，但另方面，復具有預防（例如妥適照顧認知症者）、發現／通報、提供保護及救濟（例如協助訴究施虐者責任）受虐認知症者之重要角色。

4-1-3 虐待之形式

　　認知症者虐待之形式（受虐類型），主要可區分為 (1) 身體虐待（physical abuse）；(2) 財務虐待（financial abuse）；(3) 心理或情緒虐待（psychological or emotional abuse）；(4) 性虐待（sexual abuse）；及 (5) 忽視（neglect），茲簡單整理如表 4-1。且受虐者不一定只受到 1 種形式的虐待，有可能同時受到 2 種以上之虐待形式，而處於多重受虐狀況（polyvicitimation）。如受到暴力的身體虐待下，復受到不予飲食的忽視虐待等。

表4-1 認知症者虐待之形式

形式	說明
身體虐待[3]	指以毆打、推撞等粗暴行為,造成受虐者之身體傷害或疼痛情形。
財務虐待	• 指以非法或不當之剝削(exploitation)、利用或取得受虐者之資金等資產情形。如不當管理資產、以受虐者資產為擔保而設定抵押或直接令受虐者成為施虐者或第三人貸款之保證人等。 • 此財務虐待之金額並無最低限額之要求,且易與其他虐待情形結合。如受虐者不同意擔任保證人,施虐者即刻意遲延或不提供餐食予受虐者等。 • 施虐者常常是家屬或照顧者,而且虐待情形,除了出於施虐者之故意外,亦可能出於施虐者的善意。蓋有些施虐者甚至並未意識到自己處分受虐者之資產,其實已構成財務虐待狀況。 • 由於財務獨立(financial independence)有助於享有及維持廣泛而不同之權利行使,是當認知症者遭受財務虐待時,往往可能因此對認知症者之其他權利行使及生活品質產生影響,甚而誘發其他形式之虐待。是以,財務虐待之結果(consequences),往往不僅是財務、經濟之損失而已。
心理或情緒虐待	• 指以故意行為造成受虐者之心理或情感上的痛苦或(及)傷害。例如時常對認知症者表示,如不聽話,就要將認知症者送到機構照顧,不能在家生活等。 • 其他如威脅認知症者,表示將不准認知症者去探訪家屬或友人,亦屬心理或情緒虐待之一。
性虐待	• 包括性侵害、性騷擾及性接觸或追求。任何造成受虐者有關身體上或(及)性別上之不舒服感受情形,皆可能構成性虐待。

---

[3] 並非基於正當治療目的下,卻使用藥物而令認知症者鎮靜(sedation)情形,亦有認為應屬身體虐待之一。

表4-1　認知症者虐待之形式（續）

形式	說明
忽視	• 常發生於施虐者故意或不經意地不提供食物、衣物等生活必需品予受虐者，或協助受虐者服藥情形。 • 除由他人造成外，亦可能發生於受虐者本身所引起，即所謂自我忽視。自我忽視代表失敗、無能力或拒絕提供自己適當的飲水、食物及衣服等情形。而其原因最明顯地就是身體或認知能力的受損。

BOX 4-2　身體虐待 vs. 身體拘束

• 於認知症者出現 BPSD 如躁動、甚至攻擊行為等狀況者，於照顧實務上即常出現對認知症者施予所謂「身體拘束」（physical restrain）。身體拘束，是指使用約束帶、乒乓球手套等工具，一時性拘束病人身體，抑制病人自由活動之謂。雖然身體拘束可說是違反本人自主、侵害人權，但基於治療優先或安全管理之目的，對於病人施予身體拘束，於醫療臨床、照護實務上，又似成為不得不之可見做法。但身體拘束除造成病人尊嚴及人權之侵害、求生意志之打擊及日常生活機能的退化等情形外，一旦執行將不易中止，以至於造成不必要性地持續、另形成醫療照護人員對病人尊嚴之侵害及選擇身體拘束以外做法之麻痺等負面效果。因此，「身體拘束」是有構成身體虐待之餘地。

• 以「認知症者為中心」，基於維護認知症者之尊嚴及保障其人權，自應秉持「零身體拘束」為目標，而進行認知症者之醫療照護。將身體拘束作為最後手段性，在具體特定狀況及時點予以判斷，而不得不進行時，除須以「迫切性」、「不可替代性」及「暫時性」為要件外〔參日本厚生勞働省所公

布之「身体拘束ゼロへの手引き」（朝向零身體拘束手冊），
https://www.fukushi.metro.tokyo.lg.jp/zaishien/gyakutai/
torikumi/doc/zero_tebiki.pdf〕，並應建立身體拘束決定之標
準程序（包括啓動條件、執行過程、做法及紀錄製作與保存
等），以貫徹身體拘束之最後手段性及致力「零身體拘束」
目標之達成。

4-1-4 虐待之危險因子

　　理解及檢討發生認知症者虐待之危險因子，當有助研議及
採取降低、甚至排除認知症者虐待之做法。然認知症者虐待之
危險因子是多樣的，既有各自差異亦有相互依存，同時涉及施
虐者或受虐者之多種因素。危險因子可能各別存在於施虐者或
受虐者，甚或共同存在於施虐者及受虐者。是釐清檢討施虐者
及受虐者之關係及受虐者所處環境及情境，當屬重要。

　　來自受虐者（認知症者）之危險因子，首先，認知症之確
診本身，即可能成為受虐之原因，尤其財務虐待之發生（例如
被強逼簽訂意定監護契約，而選定不喜歡之特定人成為意定監
護人，以及約定非本意之監護財產處分內容等）。其次，伴隨
認知症之惡化，除提高認知症者成為受虐者之風險外，亦可能
因此進而衍生躁動、暴力及徘徊等 BPSD，而此情形即更易造
成或加劇認知症者與照顧者間之緊張關係，進而產生口頭或肢
體之不同衝突，甚至演變成虐待。而認知症者之機能依賴（例
如必須他人協助始得站立等）、認知受損（例如失去方向感
等）及能力喪失（例如無法自行處理存提款等），皆得形成認

知症者受到不同形式虐待之危險因子。

另外，來自施虐者之危險因子，如照顧者伴隨照顧認知症者所產生之長期負擔及壓力，進而引致對於認知症者做出施虐行為[4]。尤其機構照服員因對工作之不滿意及過勞（burnout），亦成為對於照顧對象之認知症者施予虐待之危險因子。而以上各種危險因子基於各別受虐者所處的不同環境，可能單獨發生、亦可能同時存在而相互影響。

4-1-5 虐待之結果

認知症者受虐之結果，不僅造成認知症者之尊嚴受損、自主受害、人權（例如身體權、健康權、財產權及自由權等）受到侵犯。同時，除可能造成認知症者之身體傷害、財務損失外，亦有導致認知症者受到心理傷害而產生憂鬱、自我忽視等狀況，並加速認知症之症狀惡化，升高其他病症之發病率，甚且死亡率。從而，認知症者虐待之預防、救濟等因應，就認知症者之權利保障，當至關重要。然而，因為受虐者本身就受虐乙事，通常會感受到羞辱而不易主動揭露或申訴受虐情形，或是受虐者根本未能認知已受到虐待，故不會主動申訴受虐。另不容易期待施虐者本身之自我承認施虐，加上認知症者本身的認知能力退化及 BPSD，亦可能造成身體之外傷，以至於縱使認知症者已為受虐表示，且確有身體外傷等徵象，但仍可能經

---

[4] 於網路上搜尋長照及失智，即可發現不只台灣，於國外如日本亦發生不少照顧者因照顧認知症者所產生之長期負擔及壓力，進而引致對於認知症者做出施虐行為，甚至殺害行為之實例，可參https://orange.udn.com/orange/story/121407/6370694（最後瀏覽日：2023年8月19日）。

誤解為是認知症者本身所造成，以至於第三人也不易察覺及判認認知症者是否已遭受虐待。因此，如何建立認知症者受虐之申訴機制，以提供認知症者主動或經他人協助的申訴，以及第三人主動探知、調查認知症者受虐之機制，就認知症者虐待之預防、救濟等因應，亦屬不可或缺。

4-1-6 虐待之因應

虐待之因應，可區分為 (1) 預防、(2) 發現／通報、(3) 保護及 (4) 救濟等不同階段，予以檢討。

4-1-6-1 預防

預防，固多著重於虐待發生前。但於虐待發生後，如何避免再發生，亦可謂係預防之一。就發現／通報、保護及救濟而言，則通常是於虐待發生後之因應階段。

首先，促進及提升公眾（包括認知症者及其照顧者等非認知症者）對於認知症之理解、認識，並認同及實踐認知症者是主體、有尊嚴應受尊重，進而支援認知症者之權利行使，當不僅是預防，亦是發現／通報、保護及救濟認知症者虐待之因應所必要，亦應結合政府及民間力量持續地規劃及推動進行（例如各種宣導、學校教育及在職研修等）。尤其是否得以成功地因應認知症者之虐待課題，涉及社會的文化轉移（cultural shift），持續強化隔代和諧（intergenerational harmony），以及促進年輕世代理解、認識、認同與實踐不可接受污名化甚至施虐予認知症者，當是重要課題。其次，基於以上各種虐待之危險因子，予以研議推動降低甚或排除之政策及行動計畫（例

如充實喘息服務之利用，以減輕照顧者之照顧負擔、或鼓勵與提供認知症者得及早進行如 Chapter 6 所示，不論是醫療照護或財務之預爲規劃安排及機制建置等），以求預防虐待之發生，亦有必要。

　　再者，基於潛在施虐者之不同，研擬針對不同施虐者之不同預防措施，實有必要。例如機構照顧者之情緒管理研習、提供諮商等。而在研擬及執行預防措施時，亦宜留意施虐者及受虐者之文化因素，基於文化敏感性（culturally sensitive）而進行。尤其於我國不論是居家或機構照顧人力提供之現況及未來，已甚爲依賴外籍照顧者協助之情形下，慮及外籍照顧者與受照顧之認知症者及其家屬間之文化差異因素，所可能引發認知症者虐待之預防研擬及執行，應予重視。另持續促進及深化共生社會（將於 Chapter 7 進一步討論共生社會），令認知症者在獲得應有支援下，得獨立自在地生活於社區、融入社會，亦屬對於認知症虐待之預防不可欠缺之一環。

　　我國就身心障礙者受虐之保護，於《身心障礙者權益保障法》（下稱「身保法」）「第七章保護服務」第 74 條至第 85 條固有明文規定，如醫事人員等之通報義務（身保法第 76 條）及緊急保護、安置等（身保法第 77 條至第 80 條），惟就如何預防身心障礙者虐待部分，卻未有相關規定。另就高齡者受虐之保護，於《老人福利法》（下稱「老福法」）定有「第五章保護措施」專章，明文保護、安置、提出告訴或請求損害賠償之協助（老福法第 41 條）及醫事人員等之通報義務等（老福法第 43 條），然就如何預防高齡者虐待部分，亦未有相關規定。就家庭暴力防治方面，《家庭暴力防治法》（下稱「家暴法」）除於「第二章民事保護令」、「第三章刑事程序」及「第

四章父母子女」，就受害人之保護措施等有所明文規定外，另就家庭暴力之預防及處遇，復於「第五章預防及處遇」，予以明文。例如警察人員採取防止家庭暴力之方法（家暴法第 48 條）及醫事人員等之通報義務等（家暴法第 50 條）。有關性侵害犯罪防治部分，則於《性侵害犯罪防治法》（下稱「性防法」）定有「第二章預防及通報」專章，明文主管機關規劃性侵害防治之預防宣導／教育等之義務（性防法第 8 條）、學校之性侵害防治教育課程及宣導（性防法第 9 條）、法院等處理性侵害犯罪專責人員接受性侵害防治專業訓練，以及法官等司法人員調查、偵查或審理心智障礙者性侵案件之專業辦案素養（性防法第 10 條）與醫事人員等之通報義務等（性防法第 11 條）。綜觀以上身保法、老福法、家暴法及性防法關於虐待、暴力或性侵害之「預防」而言，身保法及老福法係未規定預防面向，家暴法著重在於個案式地即時警察公權力強制介入方式，而性防法則擴大到性侵害防治之預防政策規劃、性侵害防治學校教育及司法人員就性侵害犯罪專業辦案素養之提升等。可見性防法就性侵害之「預防」，較之身保法、老福法、家暴法之「預防」面向，顯然較為完備。是以，就認知症者虐待之「預防」做法，實得參酌性防法就性侵害之「預防」做法，予以推進改善及調整建置。尤其在促進及提升公眾對於認知症之理解、認識，並認同及實踐認知症者是主體、有尊嚴應受尊重，進而支援認知症者權利行使之政策規劃、學校教育及司法人員就認知症者所涉案件之專業辦案素養提升等，更應重視。

4-1-6-2 發現／通報

當虐待已經發生，則如何確實「發現」已經發生之虐待，

亦是因應虐待的重要課題。不論虐待之形式為何，要「發現」已經發生之虐待，首在受虐者本身主動揭露受虐之情事。然與一般高齡者虐待、家庭暴力情形不同的是，認知症者虐待之受虐認知症者，於認知能力退化狀況下，可能連已受到虐待都未能認知時，當不易主動揭露受虐之情事甚明。因此，藉由第三人「發現」認知症者虐待狀況，較之高齡者虐待、家庭暴力情形，更屬重要。而伴隨著受虐者所處環境之不同，「發現」虐待情事之第三人，也會有所不同。例如施虐者係與受虐者同住之家屬時，該第三人即可能是同住之其他家屬、鄰居或到訪之其他親屬、友人等。甚且受虐者定期接受診療之醫療人員，於診療時如有所「發現」，亦得成為此第三人。另當施虐者係受虐者所利用機構之服務人員時，則受虐者到訪之家屬、友人等，亦得成為此第三人。

其次，當第三人「發現」虐待情事後，緊接著即是所謂「虐待通報」課題。如同認知症者虐待之發現般，就認知症者虐待之通報，施虐者及受虐者以外之第三人亦扮演通報者之重要角色。如依是否負有法定通報義務為基準，可區分為「職務通報者」（表4-2）及「非職務通報者」。是當認知症虐待之情形，亦構成前述身保法與老福法之虐待、家暴法之家暴及性防法之性侵者，前述四法所規定之醫事人員等「職務通報者」，即成為認知症虐待之「職務通報者」。蓋前述人員依據各該法律相關規定，於執行職務時，如「知悉」、「知有疑似」虐待、家暴或性侵情事者，即「應」立即通報當地主管機關，甚有至遲不得逾24小時之要求。相對於此，「非職務通報者」係指雖不具前述法定之職務身分，但發現認知症者虐待情形，而主動向主管機關通報者。目前關於家暴、性侵害、兒

表4-2　身保法、老福法、家暴法、性防法之法定職務通報者

身保法 第76條第1項	醫事人員、社會工作人員、教育人員、警察人員、村（里）幹事及其他執行身心障礙服務業務人員。
老福法 第43條第1項	醫事人員、社會工作人員、村（里）長與村（里）幹事、警察人員、司法人員及其他執行老人福利業務之相關人員。
家暴法 第50條第1項	醫事人員、社會工作人員、教育人員、保育人員、警察人員、移民業務人員及其他執行家庭暴力防治人員。
性防法 第11條第1項	醫事人員、社會工作人員、教育人員、保育人員、教保服務人員、警察人員、勞政人員、司法人員、移民業務人員、矯正人員、村（里）幹事人員、私立就業服務機構及其從業人員。

童、少年、老人或身心障礙者之虐待通報，皆可利用電話撥打「113」保護專線 [5]。

　　再者，考量 (1) 認知症者自行通報受虐之困難，(2) 受虐認知症者可能與係為施虐者之家屬等同住，而不易由第三人發現虐待情形，甚至 (3) 家屬因擔心通報認知症者受到機構照顧者之虐待，將導致認知症者無法再居住於同一機構等原因，可想見認知症虐待之通報案件將少於實際發生之虐待案件。因此，與其致力避免及降低虐待通報之偽陽性（false positive）問題，更應重視通報之偽陰性（false negative）問題，以求更加擴大保障受虐認知症者之權益。其他如通報者之保護課題（例如通

---

[5]　衛福部保護服務司113保護專線介紹，https://dep.mohw.gov.tw/DOPS/cp-1183-6499-105.html（最後瀏覽日：2023年8月19日）。

報者之身分保密等），亦應重視建置，以強化受虐認知症之更易獲得保護。

4-1-6-3 保護

發現及通報認知症者虐待情形後，將由主管機關儘速介入確認及調查，且經確認確有認知症者虐待事證下，即應進一步採取安置等保護措施，以保護受虐之認知症者。是在受虐之認知症者符合前述身心障礙者及老人虐待、家庭暴力，甚至受到性侵害情形者，當得適用身保法、老福法、家暴法及性防法有關被害人保護之相關規定（例如身保法第七章、老福法第41條、家暴法第二章民事保護令及性防法第三章被害人保護等）施以保護。然在受虐之認知症者如並不符合身保法之身心障礙者、老人虐待之老人、家庭暴力及性侵害情形者，當即無法逕為適用前述身保法、老福法、家暴法及性防法有關被害人保護之相關規定，施以保護。尤其考量認知症者虐待類型中，「財務虐待」當占有相當的數量。惟身保法、老福法、家暴法及性防法就「財務虐待」部分之保護因應，顯有不足及未必合適。由此亦可知我國就認知症者虐待之因應法制，並非適足。從而，如何儘速整合因應高齡者、認知症者及身心障礙者虐待之適切法制，以作為保障高齡者、認知症者及身心障礙者權益之明確基石，當是刻不容緩的重要課題。

4-1-6-4 救濟

於提供受虐之認知症者相應保護措施外，如認知症者因虐待而受到身體之傷害或（及）財務之損害者，則如何予以受虐認知症者之應有救濟，亦是因應認知症虐待之重要課題。尤其

在認知症者因認知能力退化影響下，關於向施虐者求償或究責是否能夠理解、認識，甚而決定主張，當有待檢討儘速建置支援受虐認知症者求償等救濟之機制。

4-2 CRPD 有關身心障礙者之不受剝削、暴力及 虐待權

　　CRPD 第 16 條明文身心障礙者之不受剝削、暴力與虐待權，規定要旨為 (1) 締約國應採取包括立法及行政等所有措施，保障身心障礙者於家庭內外，免遭所有形式之剝削、暴力及虐待；(2) 締約國應採取所有適當措施防止所有形式之剝削、暴力及虐待；(3) 締約國應設置獨立機關，以有效監測所有用於為身心障礙者服務之設施與方案，防止發生任何形式之剝削、暴力及虐待；(4) 當身心障礙者受到任何形式之剝削、暴力或虐待時，締約國應採取所有適當措施，包括提供保護服務，促進被害人之身體、認知功能與心理之復原、復健及重返社會；以及 (5) 締約國應制定包括聚焦於婦女及兒童之有效立法與政策，確保對身心障礙者之剝削、暴力及虐待事件，得以獲得確認、調查，並於適當情況予以訴究等。易言之，基於 CRPD 第 16 條規定，有關身心障礙者之不受剝削、暴力及虐待，如依剝削、暴力及虐待（虐待等）之可能發生週期而言，締約國負有 (1) 整體上：要保障不受虐待等；(2) 做法上：要重視防止遭受虐待等；(3) 建置上：要設立獨立監測機關，以防止遭受虐待等；(4) 保護上：發生虐待情形下，要提供保護措施予認知症者；(5) 救濟上：發生虐待情形下，除提供保護

之外，也要令身心障礙者獲得應有救濟等義務。

　　如同前述，基於 CRPD 施行法第 2 條規定，CRPD 之內容已具有國內法之效力，故依前述 CRPD 第 16 條規定，國家即負有前述 5 點義務。進言之，就 Chapter 4-1-6 所說明認知症者虐待因應之 (1) 預防、(2) 發現 / 通報、(3) 保護、(4) 救濟等，國家即應基於 CRPD 第 16 條規定，予以具體化及適切調整。

　　然查，就認知症虐待之因應，缺乏包括立法及行政等所有措施之整體規劃及執行，目前仍多依身保法、老福法、家暴法及性防法予以處理。但如同 BOX 4-1 所示，認知症者虐待與高齡者虐待及家庭暴力，並非完全等同。因此，就認知症者虐待之因應，顯然有所不足，並不符合 CRPD 第 16 條規定之要求。另於身保法雖就身心障礙者之虐待，於「第七章保護服務」有所規定。但認知症者如未領有所謂「身心障礙證明」者，即不符合身保法所規定之「身心障礙者」身分，無法適用身保法規定而獲得保護。甚且前述身保法「第七章保護服務」規定，固明文 (1) 不得對身心障礙者施予虐待（身保法第 75 條）、(2) 身心障礙者虐待之通報（身保法第 76 條）及 (3) 身心障礙者虐待之保護、安置（身保法第 78 條至第 80 條），但身心障礙者虐待之預防及救濟部分，嚴格來說是付之闕如。從而，圖以身保法就身心障礙者虐待之保護規定，以因應認知症之虐待，不得不言仍是不足及不備。是就認知症虐待之因應，如何進一步具體化 CRPD 第 16 條規定之要求，亦確是保障認知症者權利之另一項尚待努力的課題。

4-3 認知症者不受虐待權之保障

　　CRPD 第 16 條既已明文身心障礙者之不受剝削、暴力與虐待權，則依 CRPD 施行法規定，不僅認知症者應享有及得行使不受虐待之權利，國家亦負有 CRPD 第 16 條所明文之各項義務，以確保認知症者不受虐待權之享有及行使。以下，即先分析檢討目前於國家政策等各方面，就認知症者不受虐待權之保障不足，其次，再就此不足，提出一些改進的建議。

4-3-1 認知症者不受虐待權之保障不足

4-3-1-1 推動提升肯認認知症者主體性之不足

　　如同 Chapter 1-1-2 之說明，衛福部所提出之綱領暨行動方案 2.0，雖提及認知症者主體面、權利面之內容，但整體而言，仍存在：(1) 偏重「對應認知症」而輕於「尊重認知症者」；(2) 重視「認知症者」之「照顧保護」而輕於「認知症者」之「權利保障」；及 (3) 聚焦「認知症醫療化」而輕於「認知症社會化」等問題。換言之，就國家政策上，以認知症者為中心，重視認知症者之權利保障而言，仍顯不足。再如 Chapter 1-3-1 所示，目前坊間所出版論及認知症者與法律之相關論著，通常多基於「保護」認知症者之大義名分下，倡行意定監護之利用等，卻反而忽略了認知症者之主體性，並歧視、剝奪、排除了認知症者之自主權，可見於社會因應上，對於認知症者之主體性及權利保障來說，仍屬偏斜及不足。另依 Chapter 3 所討論，亦可知認知症者於現今社會，確實仍受到不論是

生活上及法律上之歧視，而未獲平等對待。是以，在社會認知上，對於肯認認知症者之主體性及權利保障確有欠缺及不足。

綜上而言，不論於國家政策、社會因應及社會認知上，皆顯現對於認知症者主體性理解、認識及認同之不足。而此不足，除容易發生稀釋化認知症者主體性之結果外，進而將不自覺地造成認知症者之客體化。在此認知症者客體化之影響下，不得不說即更容易導致認知症者虐待之發生。從而，就國家政策、社會因應及社會認知上，於推動提升肯認認知症者主體性之不足，當是認知症者不受虐待權保障不足的根本原因之一。

4-3-1-2 保障認知症者不受虐待之法制不足

受虐之認知症者如為 65 歲以上之高齡者，固得適用老福法有關老人保護規定，另如與施虐者具有家庭成員關係者，亦得適用家暴法予以因應。甚且如虐待行為構成性侵害犯罪者，並得適用性防法進行因應。且在受虐之認知症者符合身保法之身心障礙者情形下，亦得依身保法相關規定因應處理。然不可諱言地，當受虐之認知症者並非 65 歲以上之高齡者、與施虐者不具有家庭成員關係、虐待行為不構成性侵害犯罪，甚且並不符合身保法之身心障礙者狀況時，前述老福法、家暴法、性防法及身保法均將無法適用。亦即，前述法律有關虐待之預防、發現／通報、保護及救濟等規定，皆將無法適用，而不得作為因應認知症者虐待之法律依據。是以，保障認知症者不受虐待之法制確有不足。

4-3-1-3 因應認知症者虐待之做法不足

虐待之因應，有如前述，可區分為 (1) 預防、(2) 發現／

通報、(3) 保護及 (4) 救濟。然老福法及身保法雖就發現／通報之要求、保護之提供及救濟之協助，有所明文，但就預防部分則付之闕如。另就家暴法部分，就預防之執行、發現／通報之要求及保護之提供，固有明文，但未有協助救濟之相關規定。而性防法雖就預防之執行、發現／通報之要求、保護之提供及救濟之協助有所規定，但畢竟係以性侵害犯罪為規範對象，如財務虐待情形，即無法適用性防法相關規定，而作為因應之對策。從而，依前述現行法制而言，因應認知症者虐待之做法，明顯不足。

4-3-2 認知症者不受虐待權保障不足之改進

　　關於認知症者不受虐待權之保障不足，已如前述存在 (1) 推動提升肯認認知症者主體性之不足、(2) 保障認知症者不受虐待之法制不足及 (3) 因應認知症者虐待之做法不足情形。是就認知症者不受虐待權保障不足之改進，原則上即就此「三不足」予以對應改進為要。

4-3-2-1 推動提升肯認認知症者之主體性

　　衛福部所提出之綱領暨行動方案 2.0，於「第四章失智症防治照護政策綱領暨行動方案 2.0」之「四、行動方案之依據」第 (四) 雖明載「納入身心障礙者權利公約，重視失智症人權議題，於 2.0 中列入相對應之行動方案」，但審視綱領暨行動方案 2.0 第四章之「參、策略、成果目標及行動方案」之內容後，可發現與認知症者人權議題有關者，僅有「策略一、列失智症為公共衛生之優先任務」所列行動方案之「1.2 判定保障

失智者人權的法規或規範」乙項，而綱領暨行動方案 2.0 之附錄所明載，對應前述「1.2 判定保障失智者人權的法規或規範」行動方案之工作項目中，固有明揭辦理身心障礙者（含失智症者）人權等宣導及失智者人權檢視及法規修訂等內容，然於 2022 年 6 月綱領暨行動方案 2.0 制定後迄今，並未見中央政府單位就含肯認知症者之身心障礙者人權議題，曾推出任何系統性地宣導作為，而檢視失智者人權法規及其修訂等作業，亦未見公告周知進度如何。

　　另從前揭第四章之「參、策略、成果目標及行動方案」，明載「策略二、提升大眾對失智症之認識及友善態度」與其所列行動方案之「2.1 提升全國人民對失智症的認識」及「2.2 提升全國人民的失智友善態度」而言，就提升大眾之認識部分，綱領暨行動方案 2.0 所採行的策略及其行動方案，重點係在提升民眾對於「認知症之認識」及「失智之友善態度」，而非在於「對認知症者主體性之理解、認識及認同」。易言之，綱領暨行動方案 2.0 所著重的是，民眾對於「認知症本身」之「認識」及「失智之友善態度」，並不是民眾對於「認知症者主體性之理解、認識及認同」甚明。

　　由上所述，可知政府部門固然宣示辦理身心障礙者（含認知症者）人權等宣導及認知症者人權檢視及法規修訂等事項，但同時對於民眾之教育提升卻是偏重於「認知症本身」之「認識」及「失智之友善態度」，而不是民眾對於「認知症者主體性之理解、認識及認同」。惟肯認認知症者之主體性及尊重認知症者係為權利主體之權利行使，毋寧是預防及因應認知症者虐待之基石。是以，政府部門當應更積極地規劃及推動提升肯認認知症者之主體性之相關行動予全國民眾，以踏實地逐步改

進認知症者虐待問題。

4-3-2-2 建制保障認知症者不受虐待之更完整法制

如同前述，當受虐之認知症者並非 65 歲以上之高齡者、與施虐者不具有家庭成員關係、虐待行為不構成性侵害犯罪，甚且並不符合身保法之身心障礙者狀況下，均將無法適用老福法、家暴法、性防法及身保法有關虐待、家暴或性侵等規定（即虐待之預防、發現／通報、保護及救濟等規定），以因應認知症者虐待。因此，保障認知症者不受虐待之法制，確有不足。

為改進此保障認知症者不受虐待法制之不足，除建制所謂「認知症者基本法」，以明定認知症者之主體性及尊嚴，應受到尊重與權益當受到保障之意旨，並基此推動提升肯認認知症者主體性之公眾理解、認識及認同活動等，以促進民眾對於認知症者尊重，當有助於改善認知症之虐待問題。其次，就認知症虐待問題之因應，亦得考慮制定包含認知症者在內之所謂「身心障礙者虐待防治法」（另參 Chapter 7-2-4），除明定身心障礙／認知症虐待防治之必要性及重要性、禁止虐待身心障礙者／認知症者外，就身心障礙／認知症虐待之定義、虐待類型、虐待危險因子之降低或排除（如對於身心障礙者／認知症者照顧者提供照護支援等）與因應（預防、發現／通報、保護及救濟）予以明文，以及整合前述老福法、家暴法、性防法及身保法有關虐待、家暴或性侵等規定，以求周全整體地因應認知症者之虐待。

藉由以上「認知症者基本法」及「身心障礙者虐待防治法」之制定，當得改進保障認知症者不受虐待法制之不足。

BOX 4-3　日本《障害者虐待防止法》

　　日本於 2012 年 12 月 1 日正式施行《障害者虐待防止法》，於該法中明揭防止障害者之虐待，對於障害者尊嚴、自立及社會參與之必要，並明文禁止虐待障害者，同時亦明定障害者及可能的施虐者如照顧者等之定義、虐待類型、虐待預防、照顧者之支援及虐待防止中心／權利擁護中心之設置等，得作為我國研擬「身心障礙者虐待防治法」之參考。

4-3-2-3 強化擴充認知症者虐待之因應做法

　　較完備之認知症者虐待因應，當包含虐待之預防、發現／通報、保護及救濟等不同階段之完整做法。尤其應基於不同的虐待危險因子，針對不同之受虐類型，採取不同的因應做法為宜。例如在施虐者可能是家庭照顧者情形下，如何建置／改進／充實家庭照顧者之支援機制（如更便利之喘息服務等），當攸關虐待預防之成效。而機構照護人員的擴充、待遇的提升及認知症照護專業的持續研習等，亦關係到施虐者可能是機構照護人員情形下之虐待預防及因應。其次，如同前述 CRPD 第 16 條第 3 項所示，締約國應設置獨立機關，以有效監測所有用於為身心障礙者服務之設施與方案，防止發生任何形式之剝削、暴力及虐待。是就此機構照護人員之虐待預防及因應方面，儘速建置獨立機關，以有效監測於認知症者照護機構所可能發生之身心障礙者虐待情形，降低甚至避免機構照護人員對於認知症者虐待之發生，亦當是衛福部等主管機關必須積極規劃及推動的課題。另就財務虐待之預防，推廣及簡便化信託之

利用，亦屬重要（身保法第 83 條）。

目前我國雖設有所謂「113 保護專線」，以提供全國民眾得 24 小時全天候利用，就自己、家人、友人遭受家庭暴力、性侵害或性騷擾，或是知道有兒童、少年、老人或身心障礙者受到身心虐待、疏忽或其他嚴重傷害其身心發展的行為時，予以通報。惟就認知症者虐待情形之通報，亦得利用此專線乙情，在宣傳周知仍有不足，應予加強。同時，該專線所強調通報之虐待類型，似未及財務虐待之通報，是就財務虐待之通報，亦有進一步加強宣導及因應之必要。

再就保護部分，不論於身保法及老福法雖均定有保護及安置之相關規定（含保護通報處理辦法），而縣（市）政府亦多進而制定所謂保護安置實施要點等。惟不論是前述規定及實施要點等，多係以行政機關立於保護者之立場而規範，反而未於保護程序及做法上，基於受虐者之主體性，而尊重受虐者之意願表達／決定及保護程序之參與。是以，受虐者於保護程序之主體性尊重及程序參與之確保，加上提供受虐者於保護程序之意願表達／決定及參與之支援，當有待進一步改進及強化。

最後，有關認知症者虐待因應之救濟部分，首先，於認知症者符合係身保法規定之身心障礙者、65 歲以上之高齡者或係為性侵被害人情形下，即得依 (1) 身保法第 84 條第 1 項明文：「法院或檢察機關於訴訟程序實施過程，身心障礙者涉訟或須作證時，應就其障礙類別之特別需要，提供必要之協助。」(2) 老福法第 41 條第 1 項後段規定：「老人對其提出告訴或請求損害賠償時，主管機關應協助之。」及 (3) 性防法第 28 條第 1 項明文：「直轄市、縣（市）主管機關得依被害人之申請，核發下列補助：一、非屬全民健康保險給付範圍之醫

療費用、驗傷與採證費用及心理復建費用。二、訴訟費用及律師費用。三、其他等費用。」等規定，分別或同時獲得 (1) 法院或檢察機關所提供之訴訟程序協助、(2) 主管機關所提供告訴或請求損害賠償之協助及 (3) 主管機關所提供醫療等費用之補助。

　　反言之，若認知症者虐待之受虐認知症者並非身保法規定之身心障礙者、65 歲以上之高齡者或性侵被害人情形時，該受虐之認知症者即無法獲得前述規定之救濟。由此可知於現行法制下，有關認知症者虐待因應之救濟機制之不足及有限甚明。是以，於儘速制定前述「身心障礙者虐待防治法」，並明文身心障礙者虐待之救濟相關規定（如向施虐者索賠之調解機制、加速訴訟審理程序、減免假扣押施虐者資產之擔保金及訴訟代理之支援等），當是一個刻不容緩的課題。再者，認知症者虐待因應之救濟，與認知症者近用司法權行使密切攸關。認知症者近用司法權之行使，愈是獲得妥適保障及便於利用，則認知症者當更易於主張所受虐待之救濟，以求不受虐待權之更獲保障。關於認知症者之近用司法權，將於 Chapter 5 再詳為介紹說明。

Chapter *5*
認知症者之近用司法權

- 接續 Chapter 3 論述認知症者之平等及不受歧視權，Chapter 4 說明認知症者之不受虐待權後，Chapter 5 將進一步檢討有關認知症者之近用司法權（right to access justice）。蓋徒有權利卻無法藉由司法，以確保 (1) 權利之行使、(2) 權利受侵害之虞時之預防阻止，以及 (3) 權利受侵害時之救濟，則所謂認知症者是主體，享有權利及權利行使應受保障，將易流於空談。
- Chapter 5 將從 CRPD 第 13 條所規定之近用司法權及聯合國「障礙者近用司法之國際原則與指引」（International Principles and Guidelines on Access to Justice for Persons with Disabilities），介紹論述認知症者應有之近用司法權及其保障。

近用司法（access to justice）能力，是指應對法律問題之知識、技能及準備的能力。近用司法權是基本人權之一，更扮演保障與維護其他基本人權之重要角色。蓋基本人權之行使如未有司法之支持及保障、基本人權之侵害如未有司法之介入及救濟，則保障基本人權將易流於口號，不易真正落實。從而，如何提升認知症者就基本人權之行使，是受到司法之支持及保障之認知，以及如何強化認知症者得以方便近用司法，尋求司法之支持及保障，以行使基本人權及獲得受到侵害之虞之預防與受到侵害之救濟，即為落實認知症者權利保障的重要課題。是以，以下即先基於 CRPD 及聯合國之相關規定說明認知症者之近用司法權，進而再予以比較檢討有關認知症者近用司法權之國內現行法制。

5-1 CRPD 第 13 條近用司法權

依 CRPD 第 13 條明文：「1. States Parties shall ensure effective access to justice for persons with disabilities on an equal basis with others, including through the provision of procedural and age-appropriate accommodations, in order to facilitate their effective role as direct and indirect participants, including as witnesses, in all legal proceedings, including at investigative and other preliminary stages. 2. In order to help to ensure effective access to justice for persons with disabilities, States Parties shall promote appropriate training for those working in the field of administration of justice, including police and prison staff.」

CRPD 明確揭示應確保身心障礙者在與其他人平等基礎下，得以有效近用司法。而其確保方式，包括藉由程序提供及符合年齡之調整措施，以增進身心障礙者於包括調查及其他初步階段之所有法律程序中，作為直接或間接參與者之有效角色（包括成為證人）。同時，CRPD 並要求締約國為協助確保身心障礙者獲得有效之近用司法，必須予包括警察及監獄人員在內之司法領域工作人員，進行適當之研習。

　　是依 CRPD 前揭規定，就認知症者之近用司法而言，首先，必須立於與其他人之平等基礎。而此所謂「平等」基礎，當非僅指「形式平等」，而應於衡及認知症者之認知能力狀態下，藉由相關程序之調整（例如由認知症者所熟悉信賴者陪同進行程序等）及相應措施之提供（例如使用認知症者易理解的語言、易溝通之圖畫等工具），以確保及增進認知症者與其他人「實質平等」之近用司法。其次，所謂「所有法律程序」，當指包括但不限於刑事、民事及行政訴訟程序，甚且如調解、仲裁等訴訟外爭議解決（alternative dispute resolution, ADR）程序及非訟事件法所涉非訟程序，亦應包括在內。再者，政府亦必須使包括警察及監獄人員在內之全體司法工作人員，接受有關理解認知症（例如認知症者並非全有全無之固定意思能力狀態，而是依特定事項特定時點之變動意思能力狀態等）及如何確保認知症者近用司法（例如安排認知症者情緒較易穩定之環境或認知能力較高的時間，而進行訊問等程序）之適當研習。

　　另依 CRPD 第 12 條規定必須確保支援身心障礙者行使法律能力。而此法律能力之行使，包括於司法、行政等法律程序之陳述、作證等。因此，支援身心障礙者行使法律能力，即包

括身心障礙者於司法、行政等法律程序陳述、作證等之支援。
如承認多樣溝通之方式（不限口頭對話等）、允許線上應訊、
程序的調整及手語支持等。

5-2 聯合國「障礙者近用司法之國際原則與指引」[1]

　　聯合國於 2020 年曾發布「International Principles and
Guidelines on Access to Justice for Persons with Disabilities」
（障礙者近用司法之國際原則與指引）（下稱「原則與指
引」），目的在於引導締約國履行障礙者近用司法之國際義
務。該原則與指引主要是基於每個人在與他人平等之基礎上，
享有法律前之平等、法律下之平等保護、公平解決爭議、有意
義的參與，以及獲得傾聽等權利。締約國必須藉由提供實質、
程序及適合年齡與性別之調整措施，以確保所有身心障礙者平
等近用司法。

　　而現實中仍存在眾多妨礙身心障礙者平等近用司法的障
礙。例如行使法律能力之限制、近用司法機構（例如法院等）
之方便性不足、方便往返司法機構之交通不便、近用法律扶助
及代表之障礙、以家長式或負面態度質疑身心障礙者參與司法
程序各階段之能力，以及缺乏對於從事於此領域之司法人員的
相關研習。

　　「原則與指引」所明揭 10 項原則為：

　　原則 1：所有身心障礙者皆有法律能力。是以，不應基於

---

[1] 中文翻譯版可參人權公約施行監督聯盟官網。

身心障礙為由，即否定近用司法權。

　　原則 2：為確保對於身心障礙者不受歧視之平等近用司法權，設施及服務必須無障礙地可得利用。

　　原則 3：包括兒童之身心障礙者，有權獲得適當之程序調整措施。

　　原則 4：身心障礙者有權與其他人在平等基礎上，及時與可得利用地取得法律通知及資訊。

　　原則 5：身心障礙者有權與其他人於平等基礎上，享有國際法上所承認之實質及程序保護措施，且國家必須提供調整措施，以確保正當程序（due process）。

　　原則6：身心障礙者，有權獲得免費或可負擔之法律協助。

　　原則 7：身心障礙者有權與其他人在平等基礎上，參與司法工作。

　　原則 8：身心障礙者，就人權侵害及犯罪，有權申訴及啟動法律程序，以及令申訴獲得調查與提供有效救濟。

　　原則 9：有效及堅實的監督機制，於支援身心障礙者近用司法權中扮演重要角色。

　　原則 10：必須提供處理關於身心障礙者權利，特別是有關近用司法權之認知提升及研習課程，予所有在司法體系工作之人員。

5-3 認知症者近用司法權之保障

　　如同前述，我國雖非 CRPD 締約國，但已將 CRPD 國內法化，除制定及施行 CRPD 施行法外，亦邀請國外專家組成國

際審查委員會（IRC）以審查我國推動 CRPD 之狀況及提出建言。而依 IRC 分別於 2017 年 11 月及 2022 年 8 月所提出之兩次「結論性意見」，均明確指出我國就司法工作人員有關身心障礙者之人權教育及近用司法之系統性研習仍屬不足，且司法系統並未充分衡及身心障礙者之需求，亦未制定調整措施，以解決身心障礙者在近用司法所面臨的不利處境[2]。可見有關認知症者近用司法權之保障，仍有待持續努力改善[3]。以下，即分別從輔助及監護事件程序、民刑事訴訟事件等面向，基於 CRPD 第 13 條及「原則與指引」，進一步檢討有關認知症者近用司法權保障之我國現行相關法制。

---

[2]　IRC之「結論性意見」可參https://crpd.sfaa.gov.tw/BulletinCtrl?func=getBulletin &p=b_2&c=D&bulletinId=261（最後瀏覽日：2023年6月21日）。

[3]　針對2022年8月6日IRC就我國施行CRPD第二次國家報告所提出之「結論性意見」（下稱「2022年結論性意見」）有關CRPD第13條部分之因應，司法院正進行「身心障礙者司法協助指引」之訂定及於法官學院舉辦有關身心障礙者相關議題之課程，固值肯定；惟如何擴大參與課程之司法人員、評量其課程成效，以強化保障身心障礙者之近用司法權，當有待持續努力。另有關強化提升檢察官、司法警察對於身心障礙者相關議題之研習理解，以維護身心障礙者之近用司法權，期待法務部、檢察署及內政部警政署等亦能積極研擬及推動具體行動做法與步驟。另前述2022年結論性意見，即指出司法院對於司法人員所進行有關身心障礙者近用司法之國際原則與指引的宣傳，沒有適當的制度來指導或監督。同時，也指出法務部及司法院沒有制定措施以解決身心障礙者在近用司法之不利處境。

5-3-1 輔助及監護事件程序[4]

　　被聲請輔助宣告（《民法》第 15-1 條），甚至監護宣告（《民法》第 14 條），是認知症者可能遭遇之情況。而認知症者於聲請監護宣告或輔助宣告之程序中，即涉及不少認知症者之近用司法權問題。在聲請之發動上，如非認知症者本人之主動聲請，而係其他人所為者（如配偶等），則該聲請之書狀或筆錄，法院即應速送達予認知症者及限期命認知症者陳述意見，係為《家事事件法》第 76 條所明文。而此規定可謂符合「原則與指引」原則 4 之「及時與可得利用地取得法律通知及資訊」情形，而確保認知症者之近用司法權，值得肯定。

　　其次，依《家事事件法》第 165 條明文：「於聲請監護宣告事件、撤銷監護宣告事件、另行選定或改定監護人事件、許可終止意定監護契約事件及解任意定監護人事件，應受監護宣告之人及受監護宣告之人有程序能力。如其無意思能力者，法院應依職權為其選任程序監理人。但有事實足認無選任之必要者，不在此限。」有關認知症者之監護事件，認知症者是否具有程序能力，將依認知症者是否具有意思能力而定。惟此顯與 CRPD 第 12 條所揭示法律之前平等及「原則與指引」原則 1 之「不應基於身心障礙為由，即否定近用司法權」規定，有所違背。

　　另於認知症者之輔助事件，則依《家事事件法》第 14 條

---

[4]　雖依一般性意見第1號所示，監護制度因違反CRPD第12條應予廢除。然在監護制度遭廢止前，既仍屬我國《民法》等法律所規定之現行有效制度，仍有檢討監護制度所涉認知症者近用司法權議題之必要。

第 1 項明文：「能獨立以法律行為負義務者，有程序能力。」
及同法條第 3 項明文：「不能獨立以法律行為負義務，而能證
明其有意思能力者，除法律別有規定外，就有關其身分及人身
自由之事件，亦有程序能力。」可見如依《家事事件法》前揭
規定，認知症者係有可能被以「不能獨立以法律行為負義務」
或（及）「不能證明有意思能力」為由，而經判定為「不具輔
助事件之程序能力」。惟不論認知症者之監護或輔助事件，實
均以認知症者之意思能力有無，而認定認知症者是否具有監護
或輔助事件之程序能力。惟此情形即顯與 CRPD 第 12 條所揭
示法律之前平等及「原則與指引」原則 1 之「不應基於身心障
礙為由，即否定近用司法權」規定，有所違背。

另法院於處理家事事件時，得命當事人本人到場，或依事
件之性質，以適當方法命其陳述或訊問之（《家事事件法》第
13 條第 1 項本文）。是於認知症者為當事人之監護或輔助宣
告事件，法院固得令認知症者之當事人本人親自到法庭現場，
以命其陳述或予以訊問；惟慮及認知症者常常因所處環境及時
間之不同，具有不同程度之認知能力，而可能呈現不同的意思
表達或決定之結果。因此，法院除得命認知症者之當事人本人
到場外，實宜參酌 CRPD 第 13 條第 1 項之「程序調整措施」
規定及「原則與指引」原則 5 規定，改於法庭以外之場所（如
認知症者所熟悉自在之居住所等），以命認知症者之當事人陳
述或予以訊問外，甚且亦得考慮以視訊等適當方法，以令其陳
述或加以訊問（《家事事件法》第 12 條）。

另於認知症者為當事人之監護或輔助宣告事件，在事件
程序進行時，考量認知症者之狀況，法院亦得依職權或利害關
係人聲請，為認知症者之當事人選任「程序監理人」，以協

5

助認知症者之當事人參與整個事件程序等（《家事事件法》第15條）。惟不論是否選任程序監理人，如某特定人士得陪同在場，將令認知症者之當事人情緒較為穩定，而有助於其陳述者，甚且審判長或法官並得允許該特定人士旁聽事件程序之進行（《家事事件法》第9條第2項），於有必要時，法院並得通知直轄市、縣市主管機關指派社會工作人員或其他適當人員在場，以陪同認知症者之當事人表達意願或陳述意見，法院並得隔別進行、提供友善環境、採取適當及必要措施，以保護認知症者之當事人意見陳述及陪同人員之隱私及安全（《家事事件法》第11條）。而此等規定可謂符合CRPD第13條第1項之「程序調整措施」規定及「原則與指引」原則5規定情形，確保認知症者之近用司法權，亦值肯定。

　　不論CRPD第13條及「原則與指引」均強調應予所有在司法體系工作之人員，有關身心障礙者近用司法權之認知提升及研習課程。依《家事事件法》第8條第1項明文：「處理家事事件之法官，應遴選具有性別平權意識、尊重多元文化並有相關學識、經驗及熱忱者任之。」而要求處理家事事件之法官，應具備法律專業外之有關性別平權意識等資格，以充分勝任家事事件之審理，固值肯定。惟如衡及認知症畢竟與「性別平權意識」及「尊重多元文化」仍有不同，是如何強化及提升處理家事事件之法官及相關司法工作人員（例如書記官、家事調查官等）對於認知症之理解及認識（例如認知症是一個認知能力退化的持續過程，並非一經確診認知症，認知症者即處於喪失全部認知能力，甚至是完全喪失意思能力之狀態等），而得於認知症者為當事人之監護或輔助宣告事件，確保認知症者之近用司法權，將是一個有待努力改善的課題。

5-3-2 民事訴訟事件程序

5-3-2-1 訴訟能力

　　所謂「訴訟能力者，當事人得單獨有效為訴訟行為之能力也，或稱為訴訟上之行為能力」[5]。另《民事訴訟法》第45條明文：「能獨立以法律行為負義務者，有訴訟能力。」而是否「能獨立以法律行為負義務」？通說認為須依實體法之規定。例如《民法》上有行為能力者，原則得謂即具有訴訟能力。但如「成年人如未受監護宣告，而有精神障礙或其他心智缺陷、無意識或精神錯亂已達喪失意思能力程度之情形者，其所為之意思表示無效，致不能獨立以法律行為負擔義務，即無訴訟能力」[6]。從而，訴訟能力之有無，將繫於當事人是否具有完全行為能力，當事人所為意思表示是否無效而定。

　　是認知症者如受監護宣告，即不具行為能力，而成為「無行為能力人」（《民法》第15條）。或是認知症者縱未受監護宣告，但對於特定訴訟事項，因心智缺陷已達喪失意思能力程度，致所為之意思表示無效情形下，均可能被認定為無訴訟能力。而此以認知症者是否具行為能力或是否因心智缺陷已達喪失意思能力程度，致所為之意思表示無效，而認定認知症者是否具有訴訟能力情形，即顯與 CRPD 第 12 條所揭示法律之前平等及「原則與指引」原則 1 之「不應基於身心障礙為由，即否定近用司法權」規定，有所違背。

---

[5]　王甲乙、楊建華、鄭健才，《民事訴訟法新論》（三民書局，2005年1月），第65頁。

[6]　最高法院106年度台上字第293號民事判決。

5

5-3-2-2 特別代理人之選任

「對於無訴訟能力人為訴訟行為，因其無法定代理人或其法定代理人不能行代理權，恐致久延而受損害者，得聲請受訴法院之審判長，選任特別代理人。無訴訟能力人有為訴訟之必要，而無法定代理人或法定代理人不能行代理權者，其親屬或利害關係人，得聲請受訴法院之審判長，選任特別代理人。」為《民事訴訟法》第 51 條第 1、2 項所明文。依此規定當認知症者如經認定為「無訴訟能力」情形下，如不問是否應提供參與民事訴訟程序之相關支援予認知症者，亦不進行程序上之調整措施，以增進認知症者參與民事訴訟程序之有效角色，法院卻逕依前述規定而為該認知症者選任所謂「特別代理人」，由特別代理人代理認知症者參與民事訴訟程序者，即有違認知症者基於 CRPD 第 13 條之司法近用權。

5-3-2-3 陳述作證

認知症者於民事訴訟程序中，可能因作為當事人而必須到庭陳述，或是經傳喚為證人而必須到庭作證。慮及認知症者常常因所處環境及時間之不同，具有不同程度之認知能力，而可能呈現不同的意思表達或決定之結果。因此，於認知症者必須陳述或作證時，法院除得命認知症者之當事人本人到場外，實宜參酌 CRPD 第 13 條第 1 項之「程序調整措施」規定及「原則與指引」原則 5 規定，改於法庭以外之場所及通常開庭以外的時間（例如認知症者所熟悉自在之居住所、每天的傍晚時段等），以命係為認知症者之當事人陳述或證人作證，甚且亦得考慮以視訊等適當方法，以令其陳述或作證（《民事訴訟法》

第 305 條）。同時，如認知症者於特定人士（如子女或機構照服員等）陪同在場時，情緒較易穩定，表達亦較自在完整者，亦得檢討考量是否徵詢該特定人士之意願及委請在場陪同認知症者。

再者，當認知症者作為證人而進行證述前，是否得免於「具結」？依《民事訴訟法》第 314 條第 1 項明文：「以未滿十六歲或因精神障礙不解具結意義及其效果之人為證人者，不得令其具結。」而認知症者固可能出現精神症狀，然是否達所謂「精神障礙」？當須個案判認。是如認定認知症者確處於「精神障礙」而不解具結意義及其效果時，審判長即應依此規定而不令認知症者具結，且此亦可謂符合 CRPD 第 13 條第 1 項藉由程序提供之調整措施，增進身心障礙者於法律程序，作為直接或間接參與者之有效角色之規定意旨。

5-3-2-4 輔佐人

《民事訴訟法》第 76 條第 1 項：「當事人或訴訟代理人經審判長之許可，得於期日偕同輔佐人到場。」是於認知症者為民事訴訟事件之當事人時，認知症者自得委請特定人士（例如配偶等），於取得審判長許可下而成為輔佐人。考量認知症者之認知能力及陳述能力之狀態，審判長或得主動詢問認知症者是否有選任輔佐人之必要，以確保認知症者獲得輔佐人協助陳述之適當程序調整措施。

5-3-3 刑事訴訟事件程序

5-3-3-1 訴訟能力

　　《刑事訴訟法》並未有如同《民事訴訟法》第 45 條般之規定，而明文刑事訴訟之「訴訟能力」。惟通常仍認定於刑事訴訟存在所謂「訴訟能力」，且就所謂刑事訴訟之「訴訟能力」，解爲係指「乃是在刑事訴訟上爲有效訴訟行爲之能力，係以意思能力有無爲斷」[7]。或謂「被告得在訴訟上爲自己辯護，而保護其利益，必具有自由決定其意思能力，即訴訟能力」[8]。亦言之，於刑事訴訟事件程序論究所謂「訴訟能力」時，仍係基於所謂「意思能力之有無」甚明。

　　惟如前述，依 CRPD 第 12 條所揭示法律之前平等及「原則與指引」原則 1 所示，不應基於身心障礙爲由，即否定近用司法權意旨。則如基於認知症者之意思能力有無，而認定認知症者於刑事訴訟事件程序之所謂「訴訟能力」之有無，實將有違前述 CRPD 第 12 條及「原則與指引」原則 1 規定之餘地。

　　另《刑事訴訟法》第 294 條第 1 項規定：「被告心神喪失者，應於其回復以前停止審判。」多經解爲有關被告之「就審能力」[9]規定。而此規定在於保障被告之訴訟權。蓋如被告經起訴後，於刑事訴訟程序中，若因精神疾病或其他情事，無法理解相關程序致獲有罪判決而須遭受刑罰，將嚴重侵害被告之權

---

[7]　許澤天，《刑事訴訟法（Ⅰ）》（著者自刊，2003年3月），第191頁。

[8]　最高法院108年度台上字第940號刑事判決。

[9]　林鈺雄，《刑事訴訟法（上）》（新學林，2020年10月11版3刷），第261頁。

益。故就審能力之要求，並非在限制被告於刑事程序之權利行使，而係在保障被告公平受審之權利。因此，如認知症者爲被告時，確認其具有所謂就審能力，且在如未具就審能力下，即應停止審判程序，亦應屬保障認知症者近用司法權之調整措施之一。

BOX 5-1　就審能力 vs. 訴訟能力

- 如謂「被告得在訴訟上爲自己辯護，而保護其利益，必具有自由決定其意思能力，即訴訟能力」情形（最高法院 74 年度台上字第 1183 號刑事判決），則身爲被告而理解審判等相關程序及得爲自己辯護之能力，當屬重要而應受保障。則此際之「訴訟能力」或得解爲等同於所謂「就審能力」。
- 然如將訴訟能力解爲得爲有效訴訟行爲之能力，且不限於係爲被告所必須具有者，例如反而是得以提出有效告訴／告發之能力，亦屬訴訟能力者，則此際之訴訟能力顯然即不宜解爲完全等同於所謂就審能力。
- 惟不論是身爲被告之就審或作爲提出告訴／告發之行爲人，認知症者皆不應僅因認知症之症狀，即影響其近用司法權利之有無或其強弱，自不待言。

5-3-3-2 告訴、應訊或作證

「犯罪之被害人，得爲告訴。」是爲《刑事訴訟法》第232 條所明文。另「告訴，係指犯罪之被害人或其他有告訴權之人向偵查犯罪之機關（檢察官、司法警察官及司法警察）申告犯罪事實，並請求追訴之意思表示。」是以，認知症者只要

向偵查犯罪之機關申告犯罪事實，並表示請求追訴之意思者，即屬提出合法之告訴。再者，同法第236條第1項復明文：「告訴乃論之罪，無得為告訴之人或得為告訴之人不能行使告訴權者，該管檢察官得依利害關係人之聲請或依職權指定代行告訴人。」是如認知症者因症狀惡化，致不能行使告訴權者，固得依前述第236條第1項規定，而由檢察官指定代行告訴人；然檢察官於指定代行告訴人時，仍應尊重認知症者之參與及表達之意願等，以確實保障認知症者之近用司法權。

其次，認知症者於刑事訴訟程序中，如成為犯罪嫌疑人或被告，即可能必須接受警察等犯罪偵查機關及法院之訊問而應述，或是經傳喚為證人而必須到庭作證。而同前述，如慮及認知症者常常因所處環境及時間之不同，具有不同程度之認知能力，而可能呈現不同的意思表達或決定之結果。因此，於認知症者必須應述或作證時，犯罪偵查機關及法院除得命認知症者本人到場外，亦宜參酌CRPD第13條第1項之「程序調整措施」規定及「原則與指引」原則5規定，改於警察局、檢察署及法庭以外之場所（《刑事訴訟法》第246條）及通常訊問以外的時間（例如認知症者所熟悉自在之居住所、每天的傍晚時段等），以命認知症者應訊或作證，甚且亦得考慮以視訊等適當方法，以令其應訊或作證。同時，如認知症者於特定人士（例如子女或機構照服員等）陪同在場時，情緒較易穩定，表達亦較自在完整者，亦得檢討考量是否徵詢該特定人士之意願及委請在場陪同認知症者。

另依《刑事訴訟法》第95條規定，訊問被告應為罪名告知、得保持緘默及得選任辯護人等。是當認知症者於接受訊問時，如何依循「原則與指引」之原則5意旨而提供必要之調整

措施，以確保認知症者確實理解前述告知之意義，進而得採取維護自身權利之行動，當亦為確保認知症者近用司法權之重要課題之一。

5-3-3-3 輔佐人

《刑事訴訟法》第 35 條第 1 項規定：「被告或自訴人之配偶、直系或三親等內旁系血親或家長、家屬或被告之法定代理人於起訴後，得向法院以書狀或於審判期日以言詞陳明為被告或自訴人之輔佐人。」是於認知症者為刑事訴訟事件之被告或自訴人時，認知症者之配偶等，得向法院以書狀或於審判期日以言詞陳明為被告或自訴人之輔佐人。而考量認知症者之認知能力及陳述能力之狀態，審判長或得主動詢問認知症者是否有選任輔佐人之必要？以確保認知症者獲得輔佐人協助陳述之適當程序調整措施。另《刑事訴訟法》第 35 條第 3 項規定：「被告或犯罪嫌疑人因精神障礙或其他心智缺陷無法為完全之陳述者，應有第一項得為輔佐人之人或其委任之人或主管機關、相關社福機構指派之社工人員或其他專業人員為輔佐人陪同在場。但經合法通知無正當理由不到場者，不在此限。」是當認知症者為被告或犯罪嫌疑人時，原則上即應有輔佐人之陪同，以確保認知症者獲得輔佐人協助之適當程序調整措施。

5-3-4 行政訴訟事件程序

5-3-4-1 訴訟能力

《行政訴訟法》第 27 條第 1 項明文「能獨立以法律行為負義務者，有訴訟能力。」如對照《民事訴訟法》第 45 條明

文「能獨立以法律行爲負義務者，有訴訟能力。」而言，則可謂當事人是否具有訴訟能力部分，行政訴訟事件及民事訴訟事件，均採當事人是否具有完全行爲能力，當事人所爲意思表示是否無效而定。

惟如前述，認知症者如受監護宣告，即不具行爲能力，而成爲「無行爲能力人」。或是認知症者縱未受監護宣告，但就特定事項因心智缺陷已達喪失意思能力程度，致所爲之意思表示無效情形下，均可能被認定爲無訴訟能力。此以認知症者是否具行爲能力或是否因心智缺陷已達喪失意思能力程度，致所爲之意思表示無效，而認定認知症者是否具有訴訟能力情形，即顯與 CRPD 第 12 條所揭示法律之前平等及「原則與指引」原則 1 之「不應基於身心障礙爲由，即否定近用司法權」規定，有所違背。是以，《行政訴訟法》第 27 條第 1 項有關訴訟能力之規定，當存在違反 CRPD 第 12 條所揭示及「原則與指引」原則 1 之餘地。

5-3-4-2 特別代理人之選任

依《行政訴訟法》第 28 條準用《民事訴訟法》第 51 條第 1、2 項規定：「對於無訴訟能力人爲訴訟行爲，因其無法定代理人或其法定代理人不能行代理權，恐致久延而受損害者，得聲請受訴法院之審判長，選任特別代理人。無訴訟能力人有爲訴訟之必要，而無法定代理人或法定代理人不能行代理權者，其親屬或利害關係人，得聲請受訴法院之審判長，選任特別代理人。」是依此等規定當認知症者如經認定爲「無訴訟能力」情形下，如即不問是否應提供參與行政訴訟程序之相關支援予認知症者，亦不進行程序上之調整措施，以增進認知症者

參與行政訴訟程序之有效角色，法院卻逕依前述規定而為該認知症者選任所謂「特別代理人」，並由特別代理人代理認知症者參與行政訴訟程序者，即有違認知症者基於 CRPD 第 13 條之近用司法權。

5-3-4-3 陳述作證

於行政訴訟程序中，認知症者可能因作為當事人而必須到庭陳述，或是經傳喚為證人而必須到庭作證。如前民事訴訟事件程序所述，於認知症者必須陳述或作證時，法院除得命認知症者之當事人本人到場外，實宜參酌 CRPD 第 13 條第 1 項之「程序調整措施」規定及「原則與指引」原則 5 規定，改於法庭以外之場所及通常開庭以外的時間，以命認知症者之當事人陳述或作證，甚且亦得考慮以視訊等適當方法，以令其陳述或作證。

其次，《行政訴訟法》第 122-1 條第 2 項本文、第 4 項分別明文：「前項訴訟關係人如為聽覺、聲音或語言障礙者，行政法院應用通譯。」「有第二項情形者，其訴訟關係人之配偶、直系或三親等內旁系血親、家長、家屬、醫師、心理師、輔導人員、社工人員或其信賴之人，經審判長許可後，得陪同在場。」是如為當事人、證人等訴訟關係人之認知症者，構成前述「聽覺、聲音或語言障礙」情形時，審判長即得許可認知症者之配偶等認知症者所信賴之人，得陪同在場，以協助認知症者參與訴訟程序之進行[10]。然因認知症之認知能力退化或周

---

[10] 依司法院所提出《行政訴訟法》第122-1條之修正說明，即明揭該修正條文係依循CRPD第12條及第13條近用司法之保障意旨，可參https://www.judicial.gov.tw/tw/cp-2214-628055-cd114-1.html（最後瀏覽日：2023年6月21日）。

邊症狀行為之結果，未必皆會導致「聽覺、聲音或語言障礙」情形。是以，與其規定為「聽覺、聲音或語言障礙」情形，實應調整「身心障礙」情形，當更周嚴妥適。蓋凡「身心障礙」情形，而應有權要求所信賴之人，得陪同在場，而不應限定於「聽覺、聲音或語言障礙」情形為限才是。

再者，「以未滿十六歲或因精神或其他心智障礙，致不解具結意義及其效果之人為證人者，不得令其具結。」為《行政訴訟法》第 150 條所明文。故當認知症者作為證人而進行證述前，如符合前述規定，審判長即應依此規定而不令認知症者具結。

5-3-4-4 輔佐人

《行政訴訟法》第 55 條第 1、2 項明文：「當事人或訴訟代理人經審判長之許可，得於期日偕同輔佐人到場。但人數不得逾二人。審判長認為必要時亦得命當事人或訴訟代理人偕同輔佐人到場。」是於認知症者為行政訴訟事件之當事人時，認知症者自得委請特定人士（如配偶等），於取得審判長許可下而成為輔佐人，或是審判長認為必要時，亦得命認知症者或訴訟代理人偕同輔佐人到場。前述規定，得解為確保認知症者獲得輔佐人協助陳述之適當程序調整措施之一，可謂符合 CRPD 第 13 條第 1 項規定。

基於 Chapter 5-3-1～5-3-4 之以上說明，茲綜整認知症者於各該程序下之近用司法權相關規定要點如表 5-1。

表5-1 認知症者近用司法權相關程序規定要點整理

	輔助及監護 事件程序	民事訴訟 事件程序	刑事訴訟 事件程序	行政訴訟 事件程序
能力 要求	• 程序能力。 • 意思能力有無 為據。 • 無意思能力 者，以程序監 理人代之。	• 訴訟能力。 • 意思能力有無為據。 • 無意思能力者，民事訴訟事件程序及行政 訴訟事件程序，以特別代理人代之，於刑 事訴訟事件程序則得停止審判。		
陳述 作證	• 親自到庭為原則，但得依事件性質，適為場地、時間及方式 等之調整。 • 得免作證具結。			
輔佐 人	無此規定，但得 選任程序監理 人。	得偕同輔佐人。		
陪同 在場 人員	有此規定（《家 事件法》第11 條）。	無此規定。	無此規定。	有此規定（《行 政訴訟法》第 122-1條第2、4 項）。

BOX 5-2　高齡者法庭（Elder Justice Courts）

• 於美國南加州，專為高齡者及認知症者所涉之民事及刑事案
件，設有所謂高齡者法庭，審理包括財務剝削、家庭暴力等
事件。法庭及工作人員須研習如何對高齡者及認知症者友善
與易於掌握他們的需求。法庭並將利用當地及州的機構及服
務，以作為解決案件之關鍵資源。

• 我國基於「特定案件業務」性質，已設置不少所謂「專業法
庭」，如勞動專業法庭及交通法庭等。甚至就智慧財產權案
件，不止專業法庭，更進而設置「智慧財產權法院」，另如「少

5

年及家事法院」亦類此情形。是可見我國的訴訟實務，仍是著眼於「案件」，重其「審理」，而規劃設置「法庭」甚至「法院」。

- 惟如同於醫療面，早已反思從重視於「疾病」，窮其「治療」，而逐漸調整成「以病人為本之照護」（person-centered care）」趨向下（所謂 from cure to care），於法律之訴訟實務面，檢討目前之「案件導向」思維，而調整成「以當事人為本之程序」（person-centered procedure），於程序中重視各種案件當事人之主體性、以架構進行案件審理之做法（所謂 from cases to clients），是否亦是值得省思檢討的課題？

- 從而，參考上述高齡者法庭，以「認知症者為主體」而建置所謂「認知症者法庭」，或許並非完全不可行。

5-3-5 律師的角色

認知症者近用司法權行使之保障，律師當扮演重要的角色。此由律師得擔任認知症者之訴訟代理人、辯護人或告訴代理人可稽。甚且符合《刑事訴訟法》第 31 條第 1 項第 3 款明文「被告因精神障礙或其他心智缺陷無法為完全之陳述者」規定情形，於審判程序中，審判長並得指定公設辯護人或律師為被告進行強制辯護。是以，律師本身對於認知症之理解、認識，自應加強研習，以利與認知症者妥適互動及相互信賴關係之建立，並於相關程序中，確實妥為維護認知症者之權利。然

不容諱言，律師對於認知症之理解，實有不足且未必妥適 [11]，亦未見律師公會等律師團體舉辦認知症相關議題之研習進修活動。是以，就認知症者近用司法權行使之保障，律師所應扮演的角色，期待律師公會等律師團體的更積極帶領及規劃行動。

BOX 5-3 司法中介人（Justice Intermediary）

- 為協助身心障礙者近用司法權之行使，尤其是協助身心障礙者平等及有效地參與司法程序如受訊、陳述、作證，甚至書狀撰擬等，有些國家即設有所謂司法中介人角色，如英國（英格蘭、威爾斯）、加拿大等。

- 司法中介人在與身心障礙者接觸、溝通，了解身心障礙者於近用司法之具體個別需求後，得向相關司法人員提出身心障礙者之需求及相關調整建議。一方面令身心障礙者在實質平等的立場參與近用司法；另方面亦協助相關司法人員確保身心障礙者近用司法權之行使。亦即，司法中介是立於身心障礙者與司法人員之中立地位，並非身心障礙者之輔佐人，更非代理人。

- The Access to Justice Knowledge Hub（近用司法知識中心）是基於 CRPD 之內容及意旨，尤其第 13 條近用司法所設立。該中心為協助司法中介人執行職務，特別推出 The Justice Intermediary Starter Kit （JISK）（司法中介人「入門工具

---

[11] 例如對於認知症之理解，仍處於醫療模式，而偏重將認知症者定位為受保護之客體，並未立於人權模式，而將認知症者定位為權利主體，以至於對於認知症之因應建議，往往是偏斜聚焦在採取訂立意定監護契約／委任意定監護人等保護措施，而易忽略認知症者作為權利主體之權利地位保障及權利行使之規劃。

包」）。台灣人權公約施行監督聯盟於取得該中心授權下，已將 JISK 翻譯成正體中文版（https://covenantswatch.org.tw/portfolio/justice-intermediary-starter-kit/），可供參考。

• 於台灣《性侵害犯罪防治法》第 19 條所規定之「專業詢問員」制度，雖類似司法中介人制度，但專業詢問員得於刑事案件偵查或審判中之詢／訊問在場，係限於 (1) 協助性侵害犯罪之被害人為兒童或心智障礙者情形，且 (2) 僅於司法警察、司法警察官、檢察事務官、檢察官或法官認有必要時。可見專業詢問員之角色顯然相當受限。是從確保包括但不限於認知症者之身心障礙者行使近用司法權而言，不限於刑事案件程序，包括民事、行政事件等之司法程序，建立符合台灣法制之全面司法中介人制度，應有必要。

Memo

Chapter 6
認知症者之預為準備、超前部署

- 於 Chapter 1～5 已分別論述說明認知症者之權利保障、認知症者之自主權行使、認知症者之平等及不受歧視權、認知症者之不受虐待權及認知症者之近用司法權。基於認知症者之權利主體性，認知症者本即享有及得以行使以上權利。

- 然而，隨著認知症之惡化，認知能力將逐漸退化，進而影響到認知症者對於特定事項之意思能力，終至全面地喪失意思能力。是以，認知症者如何把握現存之意思能力，而在陷入全面地喪失意思能力之前，能夠及時地就本身之醫療照護、財務、生活事務、子女照顧，甚且身後事務等事項，予以預為準備（advance planning）、超前部署（planning ahead），當是理解以上權利享有及其行使外，同時應加以重視的課題。認知症者進行預為準備、超前部署，即是自主權之具體行使。

- Chapter 6 即輔以案例方式，介紹說明認知症者得如何進行預為準備、超前部署，以更加落實認知症者之自主權利行使及保障。

6-1 概說：5W1H

如同 Chapter 1、2 的說明，由於認知症的盛行率將隨年紀而增加，伴隨著超高齡社會的即將到來，認知症者遭遇意思決定困境的問題也將逐漸增加，因此有預為準備——預先就各面向可能遭遇的問題，提前部署、規劃及意思決定的必要。

然而，具體實行上，究竟應如何預為準備？不妨透過 5W1H 思考法來檢討、規劃預為準備的方法。所謂 5W1H 思考法，就是透過思考 Why（為什麼要做）、What（做什麼）、Who（誰來做）、When（何時做）、How（如何做）、Where（在哪裡做）等問題，來歸納解決問題的方法。

上開 5W1H 思考法如套用於認知症者的預為準備、超前部署，即不外乎思考如表 6-1 所示問題。

表6-1 認知症者預為準備、超前部署的5W1H

5W1H	具體思考問題
Why	為何需要預為準備、超前部署？
What	須針對哪些事項預為準備、超前部署？ （認知症者未來可能遭遇哪些問題，而須預為準備？）
Who	何人需要預為準備、超前部署？ （是否有家人曾罹患認知症，方有預為準備、超前部署之需要？）
When	何時應該開始預為準備、超前部署？ （是否應待有認知症疑慮時，再開始準備？）
How	要如何預為準備、超前部署？
Where	要在什麼地方預為準備、超前部署？將預為決定之紀錄保存於何處？

6

　　倘可逐一檢視上開問題，應有助於進一步了解個人需要預先規劃的方向、方法、內容及時機，而更可朝具體實踐的方向邁進。

6-1-1 Why：為何要預為準備、超前部署？

　　認知症者由於認知功能逐漸退化，導致在需要做成決定的關鍵時刻，可能因意思能力 —— 包括表達能力、判斷力、理解力、邏輯思考能力、記憶力等的不足或欠缺，而未能正確理解他人或自己行為的意思、無法依真意做成表示或決定，甚或做成錯誤的意思表示。

　　此種「意思決定困境」，可能出現於表6-2所示各種面向。

表6-2　意思決定困境可能出現的面向

面向	可能遭遇的困難
醫療面	• 無法理解醫護人員的說明。 • 無法正確表達是否接受特定醫療行為（例如手術、急救等）的意思。
照護面	• 無力自己照顧自己。 • 無法正確表達對選擇安養或照護地點、機構或方式等的意思。
財務面	• 無法管理自己的財產。 • 無法動支財產以支應安養或生活費等開銷。 • 容易遭金融剝削或詐騙。 • 無法正確表達對身後財產傳承的意思。
生活事務面	無法處理日常生活事務（例如三餐、日常必需品採買、至醫院就診、拿藥等）。

表6-2　意思決定困境可能出現的面向（續）

面向	可能遭遇的困難
照顧子女面	• 無法繼續照顧子女（尤其年幼或身心障礙子女）。 • 無法動支財產，以支應子女生活開銷。
身後事面& 傳承面	• 無法表達對身後事安排的意思。 • 無法表達對傳承（包括財產、事業或志向傳承等）的意思。

　　以上困境的發生，不但使本人眞實意願無法被實現，往往更導致本人權益被侵害、代替決定的家屬須承擔壓力，且衍生相關社會問題（例如本人或子女未能被妥善照顧）、醫療糾紛或親屬間訟爭不斷等問題。尤其伴隨未來高齡認知症者人數及比例的持續增加，上述「意思決定困境」及相關爭議發生情形，也勢必不可避免。

　　因此，如要避免陷入以上「意思決定困境」，根本之計，即在趁著意思表示能力尚健全的時候，針對以上可能發生問題或爭議的事項，儘量預爲準備、超前部署及規劃，且宜預爲「全面超前部署計畫」（ATP）。

6-1-2 What：要準備哪些事情？

　　如要就以上「意思決定困境」可能面臨的問題，預爲全面計畫，至少可考慮朝以下面向進行準備。

6

6-1-2-1 醫療面

　　醫療面的預為準備、超前部署[1]，可透過預立醫療照護計畫（advance care planning, ACP）的方式，由本人就自己將來的健康或醫療計畫，基於本人的價值觀、目標及喜好等，且透過與醫護人員、家屬等討論的結果，預為醫療面的決定，並做成紀錄，以於將來萬一本人發生意思決定困境時，仍得使醫護人員或家屬即依循本人已表達的預立醫療決定而辦理。

　　除此之外，亦可不預先表示具體的決定，而係透過指定醫療委任代理人的方式，委由醫療委任代理人按本人的意願等，代替本人做成醫療決定。

　　對此，我國病主法也有明文保障病人自主決定權的行使。依照病主法規定，病人於參與醫療機構之預立醫療照護諮商後，即得預立醫療決定，表明於發生五種特定臨床條件時，是否希望或拒絕接受維持生命治療、人工營養及流體餵養的意願[2]，且亦得指定醫療委任代理人，代為聽取說明及表達醫療意願等[3]。

---

[1]　關於醫療面的預為準備、ACP與病主法「預立醫療照護諮商」程序的異同、醫療委任代理人的選任等詳細介紹，請參萬國法律事務所，《迎向超高齡社會之超前部署──Let's Do ATP!》（五南圖書，2022年2月1版1刷），第26頁以下（3-1醫療面）、第130頁以下（5-1醫療委任代理人vs.律師）。

[2]　病主法第14條第1項：「病人符合下列臨床條件之一，且有預立醫療決定者，醫療機構或醫師得依其預立醫療決定終止、撤除或不施行維持生命治療或人工營養及流體餵養之全部或一部：一、末期病人。二、處於不可逆轉之昏迷狀況。三、永久植物人狀態。四、極重度失智。五、其他經中央主管機關公告之病人疾病狀況或痛苦難以忍受、疾病無法治癒且依當時醫療水準無其他合適解決方法之情形。」

[3]　病主法第10條第1項：「意願人指定之醫療委任代理人，應以成年且具行為

　　此外，亦得依《安寧緩和醫療條例》的規定，書立意願書，選擇是否接受安寧緩和醫療或作維生醫療，並得指定醫療委任代理人[4]。

6-1-2-2 照護面

　　除了醫療面的預爲準備、超前部署外，對於「照護面」的需求，也宜一併納入[5]。關於照護面的預爲準備、超前部署，至少可包含以下三面向：

(1) 預爲準備、超前部署選擇符合自己需求的照護模式（例如：是否入住安養機構、聘請居家照服員或由家屬照顧？對照護的地點、服務內容有何要求？），並預先了解相關長照機構或照服員的資料。

(2) 預爲準備、超前部署保留照護需求的經費來源（例如儲蓄、長期照護險之投保及信託安排等）。

(3) 留意我國長照政策（如「長照十年計畫 2.0」）、相關長照法規（如《長期照顧服務法》），理解自己可否成爲長照服務對象、得否適用相關補助規定等。

　　能力之人爲限，並經其書面同意。」第3項：「醫療委任代理人於意願人意識昏迷或無法清楚表達意願時，代理意願人表達醫療意願，其權限如下：一、聽取第五條之告知。二、簽具第六條之同意書。三、依病人預立醫療決定內容，代理病人表達醫療意願。」

[4] 《安寧緩和醫療條例》第4條第1項：「末期病人得立意願書選擇安寧緩和醫療或作維生醫療抉擇。」第5條第1項：「成年且具行爲能力之人，得預立第四條之意願書。」第2項：「前項意願書，意願人得預立醫療委任代理人，並以書面載明委任旨，於其無法表達意願時，由代理人代爲簽署。」

[5] 關於照顧面的預爲準備及「長照十年計畫2.0」的相關介紹，請參萬國法律事務所，《迎向超高齡社會之超前部署──Let's Do ATP!》，第29頁以下（3-2 照護面）。

6

6-1-2-3 財務面

　　財務面的預為準備、超前部署[6]，可透過預立財務計畫（advance financial planning, AFP）的方式，預先整理自己的財產狀況，並透過檢討生前所需（例如自己安養長照、醫療花費、照顧子女等）、身後所需及傳承規劃等需求，評估適合的規劃工具，經與親友及協助執行者（如遺囑執行人）共同討論後，以預先決定對財產的保全、管理、使用及分配等方式。

　　與坊間所謂「投資理財」或「財富傳承」不同者，在於 AFP 係重於財產的預先管理規劃，以保留將來自己醫療、照護及照顧他人等所需費用，而達將來照顧自己及支援他人的目的，而非著眼於投資獲利或節稅等目的。

　　關於財務面之預為規劃工具，主要可包含儲蓄、生前贈與、保險、信託、意定監護、死因贈與、遺囑、遺贈等，甚至生活事務及身後事務之處理等（後二者詳後介紹），謹表列如表 6-3 所示。

表6-3　財務面預為規劃工具簡介

工具	主要目的	發生效力	說明
儲蓄	照顧自己	生前	透過儲蓄累積財源，以備自己生前不時之需。
生前贈與	照顧他人／財產傳承	生前	透過生前將財產贈與他人，以達照顧他人，或預為財產分配的目的。

---

[6]　關於各種財產面預為規劃工具的詳細介紹，請參註5，第35頁以下（3-3財務面）。

表6-3 財務面預為規劃工具簡介（續）

工具	主要目的	發生效力	說明
保險	照顧自己／照顧他人	生前／身後	• 醫療險、長照險：透過保險為自己預留未來所需醫療費用、長照看護費用等。 • 壽險：透過保險為他人（子女）預留財源。
信託[7]	照顧自己／照顧他人	生前／身後	• 生前信託：透過信託達給付自己長照安養費用，或於生前／身後繼續照顧他人的目的。 • 遺囑信託：透過信託達身後繼續照顧他人的目的。
意定監護	保全自己財產	生前	透過預立意定監護契約，以達本人受監護宣告時，得由其屬意之人繼續管理、保全自己財產的目的。
遺囑[8]	財產傳承	身後	透過書立遺囑，以達身後財產傳承、分配的目的。
死因贈與	財產傳承	身後	透過訂立於贈與人過世時，方發生贈與效力的「死因贈與」契約，以達身後財產傳承、分配的目的，並兼顧「生前贈與」及「遺囑」之特色[9]。

---

[7] 如規劃信託，宜一併考慮設置信託監察人，請參註5，第137頁以下（5-3信託監察人vs.律師）。

[8] 如規劃遺囑，宜一併指定遺囑執行人，請參註5，第140頁以下（5-4遺囑執行人vs.律師）。

[9] 因「死因贈與」本質上仍係贈與契約性質，解釋上應如同「生前贈與」，可

表6-3　財務面預為規劃工具簡介（續）

工具	主要目的	發生效力	說明
其他財產保護措施	保全自己財產	生前	• 信用資料註記：透過向財團法人聯合徵信中心辦理信用資料註記（金融註記），以達限制特定金融交易行為的目的。 • 預告登記：透過向地政機關辦理預告登記，以達降低不動產遭任意移轉的目的。

6-1-2-4 生活事務面

　　除了前述醫療面、照護面及財務面的事務（通常是針對較重大的疾病治療，或針對特定、重大資產之使用配置）外，認知症者也可能遭遇許多必須即時處理的日常生活事務，例如至醫院或診所看病、日用品採購、在家日常起居照顧、至銀行辦理存取款等。這些事項也有一併預為準備、超前部署的必要。

　　關於生活事務的預為準備、超前部署，可透過與信賴的第三人（例如親友、子女、法人等）預先簽署「生活事務處理契約」的方式，約定該第三人於將來必要時，得代認知症者處理上開生活事務；並得同時出具授權書予該第三人，使該第三人

不受遺產繼承時特留分之限制（惟司法實務有不同見解，請留意）；且因係於贈與人過世時，才實際發生贈與效力，故也如同預立「遺囑」的情形，贈與人生前仍保有對財產掌控處分權。

得以認知症者代理人的身分，代爲必要行爲[10]。

6-1-2-5 照顧子女面

　　對於認知症者而言，除照顧自己外，如何在陷入意思決定困境後，仍得給予子女（尤其是未成年或身心障礙者）持續妥善照顧，也是必須預爲準備、超前部署的一環。除了透過財務面的規劃工具，如生前贈與、信託、保險、遺囑等方式，爲子女預留生活所需財源，或預先將財產分配予子女外，關於子女未來的教養及照顧方式、地點、監護人的人選等，亦得考慮預先安排規劃。

　　關於未成年子女的監護人，法律雖有規定父母不能勝任或死亡時，應繼任監護人的人選及次序[11]，但對子女而言未必最適合。如希望爲子女安排其他人選擔任監護人，除得以遺囑的方式，指定其過世後子女的監護人人選外[12]，亦得考慮預立書面，敘明其認爲適當的監護人人選及理由，以作爲如父母尚未過世（遺囑尚未發生效力）前，法院另行選任監護人時的參考[13]。

---

[10] 關於「生活事務處理契約」與意定監護契約、持續代理人（durable power of attorney）的區別，請參萬國法律事務所，《迎向超高齡社會之超前部署——Let's Do ATP!》，第66頁以下（3-3-7生活事務）。

[11] 《民法》第1094條第1項：「父母均不能行使、負擔對於未成年子女之權利義務或父母死亡而無遺囑指定監護人，或遺囑指定之監護人拒絕就職時，依下列順序定其監護人：一、與未成年人同居之祖父母。二、與未成年人同居之兄姊。三、不與未成年人同居之祖父母。」

[12] 《民法》第1093條第1項：「最後行使、負擔對於未成年子女之權利、義務之父或母，得以遺囑指定監護人。」

[13] 《民法》第1106-1條第1項：「有事實足認監護人不符受監護人之最佳利益，或有顯不適任之情事者，法院得依前條第一項聲請權人之聲請，改定適當之監護人，不受第一千零九十四條第一項規定之限制。」

6-1-2-6 身後事面&傳承面

　　一般談論身後事的規劃時，往往多只著重在財產的規劃及傳承方式，而忽略所謂「身後事」應尚包括對於本人自己後事的安排，例如是否舉辦告別式、告別式的規模及方式、殯葬方式及祭祀方式等，以遵循本人的意願。此外，過世後所遺留的生活軌跡，例如照片、有紀念意義及重要文件的處理、相關契約（例如網路、房租）的終止或移轉、社群網站帳戶的處理、帳號密碼的移轉、寵物的安置、如何通知親友或相關單位（例如保險公司）等，也都亟待辦理。就以上身後事務，如可一併預為準備、超前部署，除可確保相關事務得依自己意願辦理外，亦可稍微減輕家屬處理後事時的負擔。

　　關於身後告別式、殯葬方式等的安排，可透過與禮儀社或殯葬服務公司簽署「生前契約」的方式，預為準備、超前部署；另就身後其他事務的安排，亦得考慮與值得信賴的第三人簽署「身後事務委任契約」，委任該第三人代為處理[14]。

　　除了自己身後事的規劃外，關於過世後，本人財產、事業甚至志向等的傳承，亦可透過遺囑、信託、設立家族辦公室或其他生前規劃方式而完成（關於各種工具的比較，詳參表6-3介紹）。

6-1-2-7 PLUS：善生面

　　透過 ATP，除在因應萬一認知症者陷入意思決定困境時，

---

[14] 關於身後可能須處理事務、簽訂生前契約及身後事務委任契約等宜注意的事項，請參萬國法律事務所，《迎向超高齡社會之超前部署──Let's Do ATP!》，第67頁以下（3-8身後事務）。

得確保認知症者過往已表達的意願仍可被遵循、使代替決定者有明確的依循，並減輕代替決定者代為決定將承受的壓力，與減少相關紛爭外，更重要的是，藉由預為準備、超前部署過程中，檢視自己現在的醫療、財務、家庭狀況，未來可能需要醫療、財務支出、照顧子女及傳承的需求，以及與親友、相關參與者的對話討論及溝通，亦可調整當下的生活方式及未來的人生目標，而得於生命終結前，好好地活出自己的人生。此即為「善生面」的預為準備、超前部署，即「善生計畫」（good life planning, GLP）。

具體實踐上，就健康照護面而言，除預為醫療照護的決定外，亦應藉此秉持積極健康觀，以培養並充實本身的健康識能（health literacy），做好健康管理（例如飲食、運動、心理等）；就財務面而言，亦應藉此強化自身財務識能（financial literacy），妥為財務管理；此外，亦應強化休息自己應有的生命識能（life literacy）及死亡識能（death literacy），以做好符合自己人生觀、價值觀的人生管理[15]。

6-1-2-8 小結

有關各種面向的預為準備及其準備方法，謹綜合整理如表6-4。

---

[15] 關於善生面預為準備的詳細介紹、上述「3能3管」的詳細內容等，請參註14，第12頁以下（BOX 2-1 ATP的2A+1G→3能3管）、第70頁以下（3-4善生面）。

表6-4 預為準備的各面向及方法整理

為自己規劃	財產	安養信託（自益信託）：確保安養照護財源無虞。
		意定監護：受監護宣告期間財產保障。
		保險（醫療險／長照險）：確保接受醫療、長照時財源無虞。
	醫療／照護	醫療委任代理人（HCA）、預立醫療決定（AD）、安寧緩和醫療意願書（DNR）。
	生活事務	生活事務委任契約／代理人。
	身後事	生前契約。
	價值觀傳承	遺囑、家族憲章。
為他人規劃（配偶／子女）	財產	配偶安養／照顧子女／財富傳承信託（他益信託）。
		遺囑／遺贈（＋遺囑執行人）。
		生前贈與。
		死因贈與。
		保險（壽險）。
	照護	遺囑指定未成年子女監護人。
	家族財富傳承	家族憲章＋閉鎖性公司＋家族信託＋家族基金會……。

6

6-1-3 Who：誰需要準備？

6-1-3-1 未確診認知症者

由於認知症大部分為偶發病例，僅約 5% 至 10% 具遺傳性[16]，任何人都有罹患的可能，故均有預為準備的必要。尤其是趁未確診認知症前，意思能力均健全的情況下，及早規劃，更有其必要性。

雖然任何人都可預為預為準備、超前部署，但不同的規劃工具，可能有表 6-5 所示之不同的資格限制，宜併留意。

表6-5　不同規劃工具的資格限制

工具名稱	資格
病主法預立醫療決定／委任醫療委任代理人	須具完全行為能力[17]（病主法第8條第1項）。惟縱不符合病主法的規定，本文認為，仍不妨礙本人與家屬進行非病主法的ACP，並保留本人就健康照護事項的意見，以作為未來醫護人員或代為決定者遵循的依據。
安寧緩和醫療意願書	• 末期病人：成年且具行為能力，或未成年人經法定代理人同意。 • 預立意願書：成年且具行為能力。（《安寧緩和醫療條例》第5條第1項、第7條第1項第2款）

---

[16] 參台北市立聯合醫院中興院區「認識失智症」網頁說明，https://tpech.gov.taipei/（最後瀏覽日：2022年11月18日）。

[17] 受輔助宣告人得否為之？病主法並無明文，曾有地方主管機關採取否定見解，衛福部則尚未明確表示意見。參台灣司法精神醫學會，「轉知衛福部針對本會提出『受輔助宣告之精神疾病病人不允其為預立醫療決定』之回應」，https://tapl.org.tw/（最後瀏覽日：2022年11月18日）。

表6-5　不同規劃工具的資格限制（續）

工具名稱	資格
生前贈與	符合以下情形之一： • 完全行為能力人。 • 限制行為能力人經法定代理人同意。 • 受輔助宣告者經輔助人同意。（《民法》第79條、第15條第1項第2款）
生前信託／遺囑信託	• 生前信託：因為契約行為，與「生前贈與」行為之解釋相同。 • 遺囑信託：須年滿16歲，且非無行為能力人；如受輔助宣告者，並須經輔助人同意。（《民法》第1186條、第15條第1項第2款）。
意定監護契約	成年人且具完全行為能力。
遺囑	與「遺囑信託」行為的解釋相同[18]。
死因贈與	與「生前贈與」行為的解釋相同。
生活事務處理契約	因為契約行為，與「生前贈與」行為之解釋相同。
生前契約	因為契約行為，與「生前贈與」行為之解釋相同。
身後事務委任契約	因為契約行為，與「生前贈與」行為之解釋相同。

BOX 6-1　《民法》關於成年／行為能力的定義

• 成年人：滿 18 歲。
• 未成年人：滿 7 歲未滿 18 歲。

---

[18] 如係受「輔助宣告」且未經輔助人同意者，可否單獨為遺囑？由於法律並未明文規定，法院亦有不同解釋，為降低法律爭執起見，仍建議宜經輔助人同意後為之。

- 完全行為能力：18 歲以上成年人或未成年人已結婚，且未受監護宣告者。
- 限制行為能力人：滿 7 歲的未成年人。
- 無行為能力人：未滿 7 歲或滿 7 歲但受監護宣告者。

6-1-3-2 已確診認知症者

已確診認知症者，倘並未完全喪失意思能力，仍有預為規劃的可能[19]；且基於認知症為慢性漸進式病程，症狀往往只會隨時間經過逐漸加劇，亦有提前規劃的實益。

然而，因已確診認知症者，如於此時做成規劃決定，為降低將來衍生爭議的可能性，建議應於認知症者預為決定時，保留認知症者當時仍有健全意思能力，且該決定確實係基於認知症者的真意所做成之證據。例如透過錄影或錄音存證、由公證人或公正第三方（如律師）在場公證／見證、取得當日醫師開立意思清楚的診斷證明，或邀約親友、全體子女一同到場參與、見證，並做成書面紀錄，以降低日後爭議發生的可能。

6-1-4 When：什麼時候開始準備？

基於認知症者預為準備、超前部署的目的，即為避免陷入意思決定困境時，已無法或難以正確做成決定，故趁本人未確

---

[19] 縱已確診認知症，惟尚未受監護宣告者，除非於對特定事項進行預為決定行為當時，已陷入「無意識或精神錯亂」程度者（《民法》第75條規定參照），否則其意思表示並非當然無效。

診認知症前,即儘早預為準備、超前部署,應為最佳時點。又如前說明,確診認知症不代表已全然欠缺意思能力,且因認知症的症狀通常將隨時間持續加重,故縱已確診認知症,惟認知症者於現存意思能力下,仍得提前規劃,並應「儘早準備」為宜。

又不同的預為準備、超前部署工具,可能有不同的法定年齡要求,如表 6-5 所示,宜一併留意。

6-1-5 How：如何準備?

6-1-5-1 預為「全面」規劃

如前說明,認知症者因陷入「意思決定困境」可能面臨的問題,非僅一般常提及的財產分配、照護問題一端,而係涵蓋包括醫療決定面、照護面、財務面(包括預留自己安養、照顧子女之財源及財產分配等議題)、生活事務面、照顧子女面、身後事面,甚至善生面等。故如可提前準備,應就各面向「全面」規劃為宜(例如 ATP)。而此「全面」規劃可分次檢討進行,逐步累積成果,無須勉強速成,或因無法為同時之全面規劃,反致停滯不前。

6-1-5-2 把握「TPO三軸線」方法

預為準備、超前部署,係著重以意願人本人為中心,基於本人的價值觀、目標、喜好等,針對各種待準備的面向,透過與參與者對話、討論的結果,而得出本人意思決定並加以記錄的過程。因此,不妨把握以下「TPO 三軸線」方法,以思考如

何預爲準備、超前部署 [20]：

(1) 時間軸（time）

首先，以自己爲中心，回顧從過去到現在，自己對醫療照護、財務及人生事項等的價值觀、目標、喜好等，並依此思考未來應如何規劃。

(2) 位置軸（position）

除本人自己外，亦由家屬、親友、醫護人員及其他參與者（例如 HCA、遺囑執行人、信託監察人、意定監護人等），立於與本人不同的位置及角度，與本人溝通、討論本人對各種待準備面向的想法，並回饋自己的想法。

(3) 有機軸（organic）

透過以上的溝通、討論，本人及其他參與者可能因此改變其原有想法，並發現原本未留意到的事項，或進一步發掘自己內心眞正的意願，而使想法產生有機的改變，並得出最終的決定。

參考「TPO 三軸線」方法，可進一步列出「預爲規劃」的具體五步驟如下：(1) 意向整理、(2) 確認做法、(3) 決定執行 & 溝通討論、(4) 留存紀錄 & 分享傳達、(5) 持續檢討更新。以下即分別介紹之 [21]。

---

[20] 關於「TPO三軸線」概念的詳細介紹，請參萬國法律事務所，《迎向超高齡社會之超前部署——Let's Do ATP!》，第16頁以下（2-3怎麼做ATP？）。

[21] 「預爲準備、超前部署」的具體五步驟及意向整理表格，主要參考以下資料彙整而成：(1)萬國法律事務所，《迎向超高齡社會之超前部署——Let's Do ATP!》，第148頁以下（6-1動手做ATP）；(2)2022年11月19日「ATP推廣師研習營」，「預立樂活善生計畫」演講簡報，黃三榮律師主講；(3)黃三榮律師製作「ATP的第一階段意向確認（醫療面、照護面、財務面）」表格。

圖6-1　TPO三軸線

6-1-5-3 預為準備、超前部署的具體步驟1：整理意向

　　預為準備、超前部署的第一步，即為「整理意向」。藉由回顧從過去到現在，自己對健康照護面、財務面及善生面等事項各有何經驗、價值、喜好及想法，以及未來計畫如何安排、可能有何需求等，以初步整理自己對各面向事務的意向。

　　在「整理意向」的階段，不妨嘗試以表格的方式，臚列自己對各面向事務可能的需求及想法。如以表 6-6 所示：

表6-6 整理意向表

問題		需求及想法	可能使用工具
A. 醫療面			
A-1 如確診癌症等重症時			
A-1-1	是否希望醫師告知病情？是否希望家屬／其他人知悉病情？		
A-1-2	是否希望進行癌症治療？或緩和醫療？其他？		
A-1-3	後續希望於何處進行治療？		
A-1-4	臨終時，希望位於自家？醫療機構？或其他場所？		
A-1-5	是否希望家屬／其他人（如HCA）協助參與決定、討論病情、後續治療及善終事宜？		
A-2 如經確診罹患重大傷病，且近期內死亡不可避免			
A-2-1	是否接受維持生命治療？或緩和醫療？		
A-2-2	是否接受人工營養及流體餵養？		
A-2-3	臨終時，希望位於自家？醫療機構？或其他場所？		
A-2-4	是否希望家屬／其他人（如HCA）協助參與決定、討論病情、後續治療及善終事宜？		
A-2-5	如已陷入昏迷或意識不清，是否希望由其他人（如HCA）代為決定？		

表6-6 整理意向表（續）

問題		需求及想法	可能使用工具
A-3 如已陷入昏迷或意識不清，經醫師判定不可回復			
A-3-1	是否接受維持生命治療？或緩和醫療？		
A-3-2	是否接受人工營養及流體餵養？		
A-3-3	希望於自家、醫療機構、養護機構或其他場所療養？		
A-3-4	臨終時，希望位於自家？醫療機構？或其他場所？		
A-3-5	是否希望由其他人（如HCA）代為決定？		
其他……			
B. 照護面			
B-1	希望接受照護的場所？自家？養護機構？其他？		
B-2	希望由何人照護？家屬？照顧服務員？其他？		
B-3	對照護人員有何需求？		
B-4	對照護方式有何想法？		
B-5	如入住養護機構，對養護機構地點、入住人數、費用有何想法？		
其他……			
C. 財務面			
C-1 生前／為自己規劃			
C-1-1	醫療需求預計花費？財源？		

表6-6 整理意向表（續）

問題		需求及想法	可能使用工具
C-1-2	照護需求預計花費？財源？		
C-1-3	日常生活需求預計花費？財源？		
C-1-4	陷入意思能力欠缺後，如何保全自己的財產？		
C-2 生前／為他人（如子女）規劃			
C-2-1	醫療需求預計花費？財源？		
C-2-2	照護需求預計花費？財源？		
C-2-3	日常生活需求預計花費？財源？		
C-2-4	其他（如教育）需求預計花費？財源？		
C-2-5	規劃如何公益捐助？財源？		
C-3 身後／為他人（如子女）規劃			
C-3-1	如何持續照顧他人（如子女）？財源？		
C-3-2	遺留財產若干？如何分配？		
其他……			
D. 生活事務面			
D-1	如陷入意思能力欠缺或行動不便時，生活事務如何處理？有哪些生活事務必須處理？		
D-2	是否希望由何人（如家屬或財務代理人）代為處理生活事務？		

表6-6　整理意向表（續）

問題		需求及想法	可能使用工具
D-3	對生活事務的處理、開銷等有何要求？		
其他……			
E. 照顧子女面			
E-1	希望子女由何人照顧？		
E-2	希望子女接受照顧的地點？		
E-3	希望子女接受醫療照護、教育、生活方式等？		
其他……			
F. 身後事面&傳承面			
F-1 自己的身後事			
F-1-1	是否舉辦告別式？方式？		
F-1-2	下葬及祭祀方式？		
F-1-3	遺物有哪些？如何處理？		
F-1-4	租屋、繳費、契約、寵物、社群網站帳號、密碼等後續處理？		
F-2 對他人的傳承			
F-2-1	事業如何傳承？應朝何方向繼續經營？		
F-2-2	家族財產、事務（如祭祀）如何傳承？		
F-2-3	有何心願傳承？		
其他……			

表6-6　整理意向表（續）

問題		需求及想法	可能使用工具
G. 善生面			
G-1	對自己目前、未來的健康、生活作息有何想法改變及規劃？		
G-2	對自己目前、未來的財產管理、理財有何想法改變及規劃？		
G-3	對自己目前、未來與家人、親友間的關係有何想法改變及規劃？		
G-4	有何人生計畫的改變及規劃？		
其他……			

6-1-5-4 預為準備、超前部署的具體步驟2：確認做法

　　於初步整理自己的意向（對各可能問題的需求及想法）後，第二步驟，即係基於以上整理意向的結果，參考 Chapter 6-1-2 所提到醫療面、照護面、財務面、生活事務面、照顧子女面、身後事及傳承面等的相關規劃工具，確認各問題可能對應得使用的工具，並進一步記載於表 6-6 內「可能使用工具」欄位中。

　　倘不確定某些問題可透過哪些規劃工具處理，或對該規劃工具的內容仍有疑問，亦可趁此機會，進一步學習、理解各種規劃工具的效用、功能及差異，並可提前諮詢相關專家（例如醫師、律師、會計師、地政士等），以更加確認適合使用的規

6

劃工具種類。

6-1-5-5 預為準備、超前部署的具體步驟3：執行決定&溝通討論

在已整理意向，並確認得採行的具體做法後，即可開始實際執行規劃，包括在「事務」方面，則選擇立即規劃、執行如上述健康照護面（例如簽署預立醫療決定等）、財務面（例如簽訂信託契約等）及善生面等的預先規劃；以及在「主體」方面，著手選任 HCA、信託監察人、意定監護人、生活事務 / 身後事務受任人、遺囑執行人等的人選。

惟並非自己決定後，隨即定案，更重要者，應係進一步將自己已經整理有關各面向預為規劃的想法及方向等，邀集家屬及 HCA 等共同討論對話及溝通。一方面除傳達自己的需求及想法，並徵詢相關參與者（如 HCA）的想法外，並可藉此反覆對話、討論的過程，協助自己再檢討、調整原先的想法。如此，非但有助於本人確認自己的真正、更深層的想法，更可使家人、參與者得更理解、尊重本人的意願（此即「TPO 三軸線」方法中 position 及 organic 的實踐），而確保本人意志的貫徹。

6-1-5-6 預為準備、超前部署的具體步驟4：留存紀錄&分享傳達

由於透過以上整理意向、確認做法、執行決定及討論溝通的過程，本人的想法及規劃可能不斷改變，為了使本人最終決定的形成經過有跡可循，以利於他人理解本人的真意，並使本人於未來回顧檢討時得以參考，建議得儘量留存紀錄（包括書面、錄音、錄影等）。尤其是最終的決定及規劃，更應妥善做成紀錄並保存，以供未來需要時得確認本人真意。

又如記錄的程序、格式，法律已有特別要求者，亦應留意遵循法定方式，如表 6-7 所示：

表6-7 各種紀錄工具的要式及程序

工具名稱	要式及程序
病主法預立醫療決定／委任HCA	• 須以書面為之，有固定格式。 • 程序：須參與預立醫療照護諮商程序，並簽署預立醫療決定，加上經2人以上見證或公證人公證。
安寧緩和醫療意願書	• 須以書面為之，有固定格式。 • 程序：須經2人以上見證。
生前贈與	原則上不以書面為必要，但建議以書面為之（惟部分贈與必須以書面為之，如贈與不動產）。
生前信託／遺囑信託	• 生前信託：原則上不以書面為必要，但建議以書面為之（惟部分信託必須以書面為之，如受託財產為不動產時）。 • 遺囑信託：須符合「遺囑」的5種法定方式（書面或口述）及製作程序。
意定監護契約	• 須以書面為之。 • 須經公證。
遺囑	須符合「遺囑」的5種法定方式（書面或口述）及製作程序。
死因贈與	不以書面為必要，但建議以書面為之（惟部分贈與必須以書面為之，如贈與不動產）。
生活事務處理契約	不以書面為必要，但建議以書面為之（如授予代理權時，該事務如本身即須做成書面，則代理權的授予也必須以書面為之）。
生前契約	不以書面為必要，但建議以書面為之。
身後事務委任契約	不以書面為必要，但建議以書面為之。

又於留存紀錄後，亦可進一步將該紀錄分享、傳達給家屬、親友及相關人員（如醫護人員、家庭醫師、律師、會計師等）知悉，以使親友及相關人可確實知悉本人的意願，且降低未來發生爭執的風險。

6-1-5-7 預為準備、超前部署的具體步驟5：持續檢討更新

決定及規劃雖然已做成，但隨著時間經過，人的經驗、智識、歷練不斷增長、近親好友的來去、外在環境改變等，人的需求、想法、價值觀及目標等亦可能不斷改變，故建議宜依以上四步驟，定期或不定期重新檢視、修正並更新已經做成的決定。

綜合以上說明，預為準備、超前部署之具體做法及步驟可整理如圖 6-2 所示。

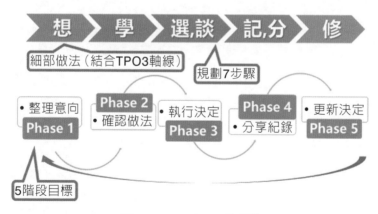

圖6-2　ATP之753步驟[22]

---

[22] 即就每個特定事項均可依循規劃7步驟，進行「想」（思考）、「學」（學

6-1-5-8 善用輔助工具

　　除了自己整理意向、與親友討論外，國內外亦有不少輔助工具，得用以促進、協助、啓發人們整理想法及預爲規劃。如美國的 Hello Game、日本的もしバナゲーム（moshibana game）、台灣的「澄雲 ATP 套組」、死亡咖啡館桌遊等。於預爲規劃的時候，不妨一併嘗試[23]。

6-1-6 Where：在哪裡準備&保存？

6-1-6-1 任何地方都可準備

　　由於預爲準備、超前部署是一個長期、多階段的過程，通常並非一蹴可幾。因此，不論在任何時候、地點，其實都可回顧過去到現在的想法、整理自己的意向及需求、思考可能的做法、研究相關工具的適合性及幫助性、與親友討論，並可隨時以文字、語音或錄影等方式記錄想法，如此即逐漸完成預爲規劃的步驟。

　　不過，規劃所使用的工具通常有特定程序、地點要求時，則應注意遵循相關要求，如於進行病主法的預立醫療照護諮商

習）、「選」（決事選人）、「談」（對話）、「記」（記錄）、「分」（分享）及「修」（更新）。而在進行此特定事項之「7步驟」時，亦得基於「5階段目標」的更廣、較高的視角檢視安排，同時對各特定事項再藉由「TPO三軸線」，予以深入對話，除得產生更具體深入而全面的決定結果外，藉此對話過程之變化及轉化，更得強化提升規劃者本身之韌性（resilience），而增能原有之能力。

[23] 各種輔助工具的詳細介紹，請參萬國法律事務所，《迎向超高齡社會之超前部署──Let's Do ATP!》，第78頁以下（4-1打開ATP工具箱）。

程序時，須至醫療機構為之；另於辦理公證遺囑時，須至公證人處為之等。

6-1-6-2 資料的保存

　　預為規劃所留存的紀錄，宜妥善留存，以作為未來重新檢討或他人理解本人意願時的參考；尤其是正式做成的預為決定，更應確實保存，且應使家屬、相關人員（例如醫護人員、HCA、遺囑執行人、意定監護人等）均知悉保存的位置、人員及聯絡方式，以於必要時得隨時確認內容。

　　除規劃所使用的工具，依法已有特定保存之規定外（例如依病主法的預立醫療決定，應上傳至衛生福利部及註記於健保卡；公證遺囑依規定須留存一份於公證人處等），得將相關資料保存於特定處所（例如律師事務所）、委由值得信賴的第三人保管，並得將掃描檔上傳至特定網路空間備份，或請求醫師將醫療意願附於病歷為參考等。

6-2 案例演習

6-2-1 案例1：成功的故事（自己確診認知症時，如何進行 ATP？）

　　劉成功與弟弟劉成就兩人白手起家，創立「成功排骨飯」，從一盒盒的便當開始賣到現在，現年58歲的劉成功靠著精準的眼光及商業頭腦，將觸角發展至連鎖加盟、冷凍宅配、甚至海外展店，已經成為「成功餐飲集團」的大亨，現在

擔任集團控股公司的董事長，持有超過控股公司 70% 的股份，名下另有許多資產。

事必躬親的劉成功，雖然每天都會準時進公司關心業務，但近來卻感到力不從心。主要是年初為了工作，幾個晚上不眠不休，因為小中風（短暫性腦缺血發作）住院了一陣子。經檢查發現，還有高血壓跟糖尿病的問題，於是開始每天吃藥、打針的生活。

與早逝妻子所生下的一男一女，兒子劉大展在集團內的某事業部門擔任副理，已成家，女兒劉小媚還在海外求學。於是劉成功的日常起居都是靠著長年在一起的女友廖麗美照顧。

最近某次董事會後，弟弟劉成就突然悄悄地把劉成功拉到一邊，說：「哥，怎麼覺得氣色不太好。早上和你討論過的事情，下午卻像是不記得似的。剛才會議也反覆再提相同的事情。最近還好嗎？」劉成功道：「沒事啦，大概是太累了，多休息一下就好了。」

劉成就掛念地說：「別這麼說，大家都知道成功集團是你一手拉拔起來。大展太年輕，我的兒女都不成材，怕我們兩個垮了，下一代不能接手就算了，還怕會兄弟鬩牆。在大展能夠接班以前，就當是為了集團的數百位員工，你可要好好保重身體啊！」

劉成功一生專心事業，集團就像是比他兒子、女兒還親的孩子，過去從來都沒想過要讓孩子接班的事情。但弟弟的幾句話，卻讓他驚覺，是否要提前做些安排？

當晚，廖麗美一改平常的神色，憂心忡忡地說：「成功啊，最近怎麼常常在找東西？一下子是鑰匙不見了，一下子是眼鏡不見了。而且看你沒事就一個人默默地坐在客廳，怕是小

中風導致認知功能衰退。下次回診時,我們請醫師特別做一下檢測,好嗎?」劉成功聽了,默默不語。

　　弟弟跟女友的幾句話在劉成功的腦中盤旋著。他想,萬一自己出了什麼狀況,集團事業將受到影響不說,比家人還親密的麗美,恐怕無法名正言順地留在這個家裡。再想到,因癌早逝的妻子,當時為她決定撤除維持生命治療的那份痛苦,曾糾結了他好多年,他不想再讓麗美跟孩子們也有同樣的經歷。

　　想到了這邊,劉成功記得在某個演講中,曾聽過律師介紹ATP的概念,似乎可以透過一些安排,超前部署後半生。於是拿起了電話,他想問看看,現在的自己可以怎麼做?

6-2-1-1 醫療照護面

　　導致認知症的原因很多,依照目前醫療技術,縱使確診認知症,及早透過藥物治療、非藥物治療及支持性照護等,可延緩退化的速度。如果是可逆性病因(例如腦部創傷、營養不均等),甚至有恢復的可能。因此建議劉成功如果有疑似認知症的症狀時,應儘速就醫檢查。

　　劉成功如果確診認知症,除了持續透過治療及照護延緩退化的速度外,建議應跟家屬(女友、子女、弟弟)就將來的醫療照護事項,基於本人之價值觀、目標及喜好等,持續地交換意見,並且將討論的過程記錄下來。亦即所謂 ACP。

　　首先,當認知症病程進入中期以後,可能會出現定向性障礙(對於時間、地點產生混淆),無法進行對話、失禁等情形,日常生活需要旁人協助。將來是持續由廖麗美照顧、或是由子女輪流接手、亦或委由居家照護服務,甚至入住長照機構(機構式照顧),宜依照劉成功之個人意願,以及評估經濟負

擔、家人的體力、年齡等，和家人持續對話討論後，決定希望接受怎麼樣的照護。

此外，如同劉成功當年在亡妻臨終前決定爲其撤除維生治療一般，避免讓女友或子女也面臨相同的情感糾結，建議劉成功藉由 ACP 持續對話的過程，讓家人充分了解自己的生死觀、對於生命晚期照護的期望。

如果對於維持生命治療、人工營養及流體餵養等治療措施已有特定想法，例如：如已打定主意將來如退化成「極重度失智」狀況時，亦不希望接受插管治療的話，可考慮依照病主法赴醫療機構接受預立醫療照護諮商，甚而簽署預立醫療決定。如此，醫師應依照劉成功之意願，不爲其施行插管治療。

而如劉成功尚未有具體想法，而希望將臨終前的維持生命治療決定交給女友決定，則亦可透過前述的程序，指定廖麗美爲 HCA。只是應特別留意，如劉成功擬以遺囑指定「遺贈」財產予廖麗美，依病主法規定，繼承人外之受遺贈人將不得爲 HCA，此時，則有必要改指定兒子劉大展或女兒劉小媚來擔任HCA。

BOX 6-2　用語說明

- 維持生命治療：指心肺復甦術、機械式維生系統、血液製品、爲特定疾病而設之專門治療、重度感染時所給予之抗生素等任何有可能延長病人生命之必要醫療措施（病主法第 3 條第 1 款）。
- 人工營養及流體餵養：指透過導管或其他侵入性措施餵養食物與水分（病主法第 3 條第 2 款）。

> • 極重度失智：指確診失智程度嚴重，持續有意識障礙，導致無法進行生活自理、學習或工作，並符合下列情形之一者：
> ➢ 臨床失智評估量表（clinical dementia rating）達 3 分以上。
> ➢ 功能性評估量表（functional assessment staging test）達 7 分以上（病主法施行細則第 13 條第 1 項）。

6

6-2-1-2 財務面

　　劉成功若擔心認知症病情加劇，會因無意識的行為導致耗損財物、或是擔心財物遭有心人士騙取，而無法自己管理財產，或可考慮 AFP。

　　AFP 有許多可考慮的工具，例如：儲蓄、生前贈與、保險、信託、遺囑、財產管理委任契約等。不論有無認知症，你我均可預先思考並提前規劃。但考慮有可能因血管性認知症導致病程突然加劇[24]，而實務上常常發生認知症病友對於財務的規劃，事後被質疑係出於無意識之行為，遭親人等主張為無效，甚而對簿公堂。為避免此風險，因此建議劉成功在知悉認知症確診後，應「儘早」規劃 AFP，並應留意在做成各種規劃時，宜事先充分與家人對話、溝通，並針對做成決定當下的過程，儘可能留下錄音、錄影、書面等，以利將來作為確認劉成功是出於充分意思決定之參考。

　　至於 AFP 工具的選擇，具體而言，可視劉成功的需求而定。

---

[24] https://health.udn.com/health/story/5965/5261396（最後瀏覽日：2023年7月29日）。

　　例如：如有減少遺產稅課稅稅基之需求，可透過「生前贈與」的規劃，先將部分資產在免徵贈與稅的範圍內，逐年移轉至女友或子女身上。或是在子女有一定資力的前提下，透過「二親等以內親屬間不動產買賣」，讓子女透過負擔部分貸款購得不動產的方式，減少將來轉售時遭課徵「房地合一稅」的課稅稅基。

　　如果劉成功希望定期支給子女生活費或教育費，可透過「信託」的規劃，將財產交由受託人（信託銀行等）管理，並依照劉成功的意思，設定子女為信託受益人，由受託人定期定額給付給子女。甚至可以設定條件成就後（例如自己身故後或是女兒成家後），將信託財產一次移轉予受益人。亦得指定信託監察人，例如：由家人或委任律師擔任信託監察人，協助自己在認知能力退化或往生後，能夠確保受託人確實依照自己意願執行信託契約。

　　而對於自己後半生的照護費用，建議劉成功可考慮提前將所需費用移轉至特定帳戶中，並與同住女友麗美簽訂「財產管理委任契約」，並將此一合意提前使銀行及其他家人知悉。將來需提用帳戶中資產時，麗美即可透過受託管理人之身分，提取帳戶中的現金作為劉成功照護之用，亦可避免將來遭子女主張麗美藉由照護者身分盜領存款。

　　最後，建議劉成功宜撰擬「遺囑」，清楚整理自己身故後的財產（特別是股權）後，依照自己的意願進行分配或規劃。為了避免自己失去認知能力或身故後，子女與堂兄弟姊妹間爭產，此一問題，得與企業接班等問題一併思考（詳後述）。

　　此外，如果劉成功與廖麗美仍無結婚的計畫，則要思考在劉成功身故後，廖麗美將非法定繼承人，而無法繼承劉成功的

財富。如考慮廖麗美照護的付出、以及對其今後生活照料，可以考慮以遺囑設定「遺贈」，將一部分遺產遺贈予廖麗美。

建議可透過律師協助製作代筆遺囑、或選擇公證遺囑的方式，並考慮讓家人得參與遺囑的撰寫過程，以避免遺囑發生爭議。

6-2-1-3 善生面

除了醫療面及財務面的規劃，ATP 也強調應預立 GLP。透過把握「當下」到「生命終結時」的這段有限且珍貴的時間，依照自己的意願，安排自己滿意、符合自己人生觀、價值觀的生活。

如劉成功從年輕奮鬥至今，多埋首於工作，而一直沒有實現的夢想，例如：登上富士山、泛舟、潛水等，可以在體力、健康可負荷的範圍內逐一實現。而面對可預期的認知能力退化，建議劉成功儘量保持規律生活，做好健康管理，並規劃與朋友、社會維持接觸的時間，以減緩認知退化的速度。建議家人也要把握現有的時間，儘可能協助劉成功完成計畫。

6-2-1-4 照顧子女及傳承面

如同前述，除了可透過「信託」的規劃，由受託人在劉成功認知退化或身故後，依照其意願照顧子女、女友等，提供其等持續的經濟支援。

最重要的是，就自己一生拉拔長大的「成功餐飲集團」，在弟弟劉成就也不年輕、後輩卻還沒有做好接班準備時，應好好思考接班計畫。

要控制集團營運的核心，最重要的是要掌握股權。如果

擔心股權提前移轉給子女後可能會遭其擅自變賣，則可考慮以「遺囑」規劃身故後如何將股權分配給子女或女友等。如果還擔心子女等在繼承股權後仍會擅自變賣，則可考慮成立「閉鎖性股份有限公司」間接持有集團公司之股份，並且使子女等僅得持有閉鎖性股份有限公司之股份。如此一來，可透過閉鎖性股份有限公司之轉讓持股限制，讓集團的控制權持續保有在劉成功家族中，使外人難以介入集團經營。

由於認知症病程也可能在短時間急遽惡化，要為集團的接班及控股結構設計符合自身需求的架構，涉及法務、稅務等專業，建議劉成功儘快尋求律師或會計師等協助。

6-2-1-5 其他事務

除了上述劉成功可以在認知能力尚未完全退化前可自主決定的部分外，對於可預見今後喪失認知能力後的生活，建議劉成功也可以考慮委由他人「代替意思決定」。

例如，劉成功可考慮委託可信賴的女友廖麗美，在公證人的協助下，與其訂定「意定監護契約」。而於自己喪失認知能力且受法院「監護宣告」時，由其擔任自己的「監護人」。監護人，可以依照受監護人的身心狀態及生活狀況，協助執行其生活、護養療治及財產管理等。只有在少數如代理受監護人購置或處分不動產、或是就供其居住之建築物或其基地出租、供他人使用或終止租賃時需要法院許可外，監護人原則上可代為管理受監護人之財產。

此外，對於將來於認知能力退化後，乃至於身故後的個人資訊管理（例如電子郵件、社群平台之帳號密碼等）、喪葬處理（包含「生前契約」之簽署）、器官捐贈或大體捐贈等，如

劉成功已有特定的想法，或是希望委由親人代爲處理，建議應提早與親人開啓對話並委託其處理，或是連絡相關單位製作必要書面（例如器官捐贈同意書、大體捐贈同意書）。

6-2-2 案例2：淑麗的安排（家人確診認知症時，如何進行 ATP？）

淑麗自求學階段就離開了南部老家，是俗稱的北漂族。在追逐夢想的過程中，一個人在北部跌跌撞撞，驀然回首已是近半百之年。感情路雖不順遂，但在後輩眼中，是人人稱羨的菁英階級，也算是小有成就。

老父在多年前過世後，一直是母親獨自守著老家。大哥雖然成家並住在附近，但似乎也很少回去看看母親。淑麗不只一次詢問母親是否要一起上來台北同住，但母親總是捨不得家中的那些花花草草，又不喜台北人多、交通複雜，於是淑麗只能在工作繁忙之餘抽空回去探望。

在某次與青梅竹馬閒聊的情況下，發現母親近來似乎記憶力不如往昔，也暫停下田，而將農事全部交給大哥處理。甚至還因廚房忘了關火而引發小火災，在純樸的鄉下算是轟動一時的新聞。淑麗知道母親是為了讓自己安心，故意隻字不提。於是一咬牙請了長假，飛奔返鄉，並且慎重地帶母親去附近的大學附設醫院再三檢查。最終，確定是罹患認知症。

由於太久沒有在家中常住，一回來卻發現許多問題。例如，家中的農地竟早已被過戶到大嫂的名下。母親名下的存摺及印章也都是由大哥保管，並由其任意提領使用。

而母親雖然僅是認知症初期，且身體硬朗也沒有慢性病，

然而大哥卻堅持要將母親送往照養中心，而不願意與其同住照顧。淑麗雖然認為照養中心也是一個選項，但後來才曉得，大哥想將老家的房子改建成民宿，藉此賺點外快。畢竟老家的房子是母親最愛惜的，如果又被任意地過戶到大嫂名下，淑麗真不知要怎麼跟母親交代。

　　結束了在老家的長假，淑麗只覺得身心俱疲，一方面沒辦法放下手邊的工作，一方面卻又掛心不下母親。想著自己雖然可以提供一些經濟援助，但如果自己出了什麼意外，該如何是好？況且，大哥、大嫂那副想要趕快讓母親掃地出門的神情，讓她下定主意，無論如何都要保住老家的房子。

　　淑麗想起之前參加過的講座，曾聽過律師介紹 ATP 的概念，似乎可以同時安排家人的照護。於是拿起了電話，她想問看看，現在的自己可以怎麼做？

6-2-2-1 醫療照護面

　　認知症是一種逐漸退化的過程，並不是確診認知症後即失去全部意思能力。身為認知症者的家人，除了要給予生活照護外，更應尊重並給予認知症者表達意思及溝通的權利。

　　大哥、大嫂或許有經濟壓力，而有將老家重新規劃利用的需求，但應儘可能尊重母親的意思。建議淑麗可以嘗試跟大哥及母親等溝通、協調後，以母親意願為前提，並於家人間形成共識之下，為母親選擇適當的照養中心或安排看護。

6-2-2-2 財務面

　　如同前述，即便是認知症初期，在尚能清楚表達其意思能力的範圍內，仍然能夠進行財務規劃。且縱使進入中後期，因

體力、時間、環境等差異因素，亦有可能會恢復認知能力。因此，家人不宜於經診斷認知症後，即急著剝奪認知症者自行規劃 AFP 之權利。

　　部分長輩或許避諱提前談身後財產分配，故建議淑麗不能操之過急，或是以「保護認知症者財產」之觀念，先入為主地將自己期待的財產分配方式強加於母親。而應該先適當地與大哥、大嫂溝通，交換意見並取得共識後，讓母親了解孩子們的想法，並傾聽母親的意願。透過對話，協助母親在意識清楚的情況下，提前進行 AFP 的安排。做成各種規劃時，宜事先充分與家人對話、溝通，並針對做成決定當下的過程，儘可能留下錄音、錄影、書面等紀錄。

(1) 房產部分

　　如果母親已對老家房子、土地有想法，宜尊重母親的意思進行安排，例如：考慮先贈與給大哥、或是贈與由大哥與淑麗共有、或是包含其餘財產的分配等，或是另由遺囑安排亦可。

　　如果母親並無提前過戶的打算，為了避免遭大哥擅自用印過戶，淑麗和母親或許可以商量辦理「自益信託」登記。例如：由母親擔任委託人、大哥擔任受託人，淑麗擔任信託監察人，由大哥管理老家（例如經營民宿等），將收益用作支應母親照護費用。透過正式的登記，即可避免房產被大哥擅自出售。

BOX 6-3　不動產預告登記

- 應留意者為，坊間多傳授可透過辦理「不動產預告登記」之方式，由不動產的登記名義人（認知症者）出具同意書，向

地政機關申請於土地登記簿上做成限制登記，讓土地登記名義人在處分該不動產前須取得請求權人（認知症者之子女）之同意，並作為避免認知症者遭有心人士利用，用不動產權狀前往地政機關設定抵押，或向銀行、私人借貸之手段云云。

- 然而，「不動產預告登記」之登記前提係必須有「請求權」存在，如子女對於該不動產並無請求權存在，更以不存在之請求權辦理「不動產預告登記」，則有構成「使公務員登載不實罪」等刑事責任之風險，不可不慎。建議應根據具體事實辦理，必要時亦可諮詢律師、地政士等專業意見，以免觸法。

(2) 存款及照護所需費用部分

至於目前母親的存摺及印章均由大哥管理，就此，實務上經常發生由某位照護者擅自提領被照護者款項，導致遭其他家人提告侵占或行使偽造私文書等案件。為了避免將來家人間產生紛爭，建議亦可將母親存款委由銀行等信託機構，設定「自益信託」，並由淑麗擔任信託監察人；設定每月定期定額給付照護母親所需生活費用予大哥，在例外情況下需動用大筆款項時，則須由信託監察人同意。

最後，如果母親及大哥的經濟能力均無法負擔後續的照護費用，而淑麗雖然能夠予以支援，但如同淑麗所擔心的，自己如果發生什麼意外，可能沒辦法繼續照護母親。就這個部分，淑麗亦可考慮透過信託的安排，將自己一部分財產交付信託，使受託人持續給付母親所需的照護費用。

6-2-2-3 生活事務面

　　認知症者的照顧除了健康管理之外，生活環境的照料、與認知症者的互動、情感上的支援及尊嚴的維持均必須考量。由於淑麗人在北部無法提供即時的照顧，對於母親生活事務的照顧，不得不委託看護服務或是就近的大哥、大嫂照顧。實務上常見受照顧者直接口頭委託照服員協助日用品採購或赴銀行辦理存取款等，但如無妥善安排及明確記錄金額，往往會導致其他家人與照服員間之誤會或爭執（例如懷疑照服員侵吞受照顧者資產等）。

　　照服員固然接受委託處理居家照顧部分，但就涉及經手財務的部分，建議可依照具體需求，由家人與照服員或看護服務業者簽署「生活事務處理契約」，提供其固定財源作為照顧認知症者之用，並且約定其應定期提出金錢使用之紀錄。

6-2-2-4 其他事務

　　近來，日本有提倡「生前整理」之風潮，避免自己的物品將來可能會成為被一股腦丟掉的遺物，於是以「斷捨離」的觀念提前整理身邊物品。其中，或許有跟家人的美好回憶、也可能是自己的人生軌跡，透過「生前整理」，可以重新檢視自己的人生，並且把時間跟空間留給所愛的人。

　　而對於認知跟體力可能會受到退化影響的認知症者而言，建議可由家人協助整理過去累積的物品。不見得是以要提前出售或處分的目的，而是透過整理，與認知症者建立更多的互動，並且引導其思考及回憶，刺激腦部活性以減緩退化。

　　（上述假設案例中之 ATP 提案，僅供參考。建議應依具體需求及個案事實，諮詢相關專家意見後，再為妥適規劃為宜。）

Memo

Chapter 7
構建認知症友善社區，深化共生社會

- 對於認知症除施予「醫療」、強調「預防」外，最重要的是接受認知症是「生活」的一部分，而社會全體宜持有與認知症（者）共生的理解、認識及態度，基於尊重認知症者之主體性及保障認知症者之權利，與認知症者共同「構建認知症友善社區，深化共生社會」而努力。是以，從偏重於「認知症之照護（care）」，而積極推展到「友善社區、共生社會之構建及深化」，是必要的。

- Chapter 7 即分別從 (1) 與認知症（者）共生、(2) 建置認知症友善社區、共生社會之法制，以及 (3) 從推動認知症友善社區到深化共生社會，論述說明應從認知症照護，進一步推展到認知症友善社區、共生社會之構建及深化。而在此認知症友善社區、共生社會構建及深化下，認知症者與非認知症者一樣，都是整體社會之「生活者」，大家互為獨立自主，卻也相互依存，不論是否罹患認知症，都能自在安心地在熟悉及友善環境下「共生」而至終老。

7-1 理解、認識、認同及實踐與認知症（者）共生

　　包括認知症者與非認知症者皆為權利主體，每個人皆享有及得行使自主權。且此自主權之享有及行使，不等於自己必須孤立於他人，事實上每個具自主權之權利主體間，其實是相互連結（interconnectedness）、互相依存（interdependence）而共同生活於社會中。另於醫院或機構內，長期接受醫療照護之認知症者實為有限，大多數的認知症者仍多與家屬居家共同生活，而在社區中維持著日常生活[1]。換言之，認知症者可謂就在我們的日常生活中。因此，認知症所造成的影響，其實不僅是認知症者本身及其家屬，甚且及於社會整體。是如將認知症定位僅係個人「疾病」，必須給予「醫療」，加以「治療」，進而推動所謂「預防」者，即徒係以所謂「醫療模式」（medical model）因應認知症（者）。而於此「醫療模式」下，將很容易先入為主地立於「醫療本位」、忽略「生活本位」，進而採取所謂「對抗」、「消滅」認知症的態度、做法。但以醫學的不確定性本質及目前的醫療技術之有限性而言，要達到此等完全治療，甚至消滅認知症的目標，其實是困難，甚且是不切實際的。

　　認知症是因認知機能受損（impairment），以至於造成日常生活的能力（ability）發生障礙（disability）的情況。因此，理解因應認知症絕不宜僅從認知症者之「醫療面」，更應著眼於認知症者之「生活面」。而就認知症者之「生活面」而

---

[1]　依衛福部所推出「2025年達成失智友善台灣（2021年版）」第7頁所示「在台灣，9成以上的失智者都住在家中」可稽。

言，認知症者當不太容易自外於他人、社會，而自力獨自生活。事實上，認知症者於日常生活之所以發生障礙，社會環境的因素實不可輕忽。此有如 CRPD 所明揭障礙（barrier）並不在身心障礙者本身，而是社會所造成的情形般。是對於認知症者之照護，當不僅是對於個別認知症者所提供醫療面之「點」的照護；更應調整整備認知症者日常生活所處整體社會環境，而提供生活面之「面」的支援，以降低或減緩認知症者於日常生活之障礙，進而在社會整體之多面向立體交錯、相互連結依存下，持續推動「構建認知症友善社區，深化共生社會」，當屬重要的課題。從而，從「生活面」切入，調整整備認知症者日常生活所處整體社會環境，以提供對認知症者友善之日常生活環境，進而深化認知症者與非認知症者於社會之共生，可謂即係立於所謂「社會模式」（social model）而與認知症（者）互動，且在此互動下，復基於「人權模式」，而尊重認知症者之權利主體性，當屬必要。

　　基於「社會模式」下，社區中的每個住民其實都是與認知症（者）相互處於共生狀態中。從廣義共生來說，社區中的每個住民（包含認知症者在內）在社區的日常生活中，不論是居住、購物、交通、休閒、運動，甚至工作等，其實大家都是藉由彼此連結、相互依存地共同生活在社區裡。另由狹義共生而言，藉由更進一步人際網絡連結、逐漸建立累積個別相互的信賴關係、透過跨團體之共同協作、適時適切地導入政府單位的資源，以建立自助、互助、共助及公助的共生關係。是在生活為中心之「社會模式」下，以社區住民理解體認與認知症（者）共生關係為基礎，進而基此共生關係而共同實踐「構建認知症友善社區，深化共生社會」。從而，實踐構建友善社區，深化

共生社會，當從社區住民理解、認識及認同與認知症（者）共生做起。

　　總言之，「共生」之所以重要的理由，主要得整理 (1) 改善認知症者之機能障礙，於醫學上目前並無特效藥[2]、(2) 認知症者所正遭遇日常生活中之能力障礙，很多是社會因素造成，以及 (3) 可期待藉由與認知症者共生模式之建置，帶來擴及社會其他層面（如高齡者、罕病族群等之照護等）的變革[3]。是以，為「構建認知症友善社區，深化共生社會」，當從理解、認識、認同及實踐與認知症（者）共生開始。

BOX 7-1　認知症照護 vs. 脫醫療化（de-medicalization）

- 於認知症照護上，與其立於「醫療面」，而偏重努力回復認知症者原有認知能力之投入，更重要的應是站在「生活面」，重視整備、提供符合認知症者現有能力，而得減低甚至排除造成認知症者日常生活障礙之生活環境為目標。
- 是以，調整偏重於「醫療面」之認知症者照護現況，而由「生活面」切入，藉由社區整體人力、物力資源的連結投入，

---

[2]　惟由日本エーザイ株式会社（Eisai Co., Ltd.）及美國Biogen Inc.所共同研發，得延緩認知功能之阿默海默症治療新藥──LEQEMBI，於2023年7月獲得美國食品藥物管理局（Food and Drug Administration）之許可，並預期將於同年8月左右亦可通過日本政府之藥證許可，可謂是受到矚目之新藥，可參https://www.eisai.co.jp/news/2023/news202349.html（最後瀏覽日：2023年8月23日）、https://www.nikkei.com/article/DGXZQOUA173HM0X10C23A8000000/（最後瀏覽日：2023年8月23日）。

[3]　近藤尚己、五十嵐步，《認知症plus地域共生社会つながり支え合うまちづくりのために私たちができること》（日本看護協会出版会，2022年3月25日1版1刷），第5頁。

以整體而全面地提供認知症者在社區中，得以「活好善生」
（living well, living fully）的生活環境，就是重要的課題。換
言之，「脫醫療化」是於認知症照護中，有待認知、形成共
識及推進的基本方向。

7-2 建置認知症友善社區、共生社會之法制 [4]

　　「構建認知症友善社區，深化共生社會」之目的，是基於
認知症者之主體性，重視認知症者之「生活面」需求，藉由社
區住民、組織及政府部門等之整體合作，以提供對於認知症者
友善及與認知症者共生的日常生活環境。而此目的之達成，亦
有賴同時推動相關之法制建置，以求更紮實而穩固地「構建認
知症友善社區，深化共生社會」。以下即說明「構建認知症友
善社區，深化共生社會」之主要法制建置需求。

7-2-1 制定「身心障礙者基本法」

　　我國以 CRPD 施行法自 2014 年 12 月 3 日起正式生效施
行 CRPD，且於行政院設置「行政院身心障礙者權益推動小
組」並制定「落實身心障礙者權利公約（CRPD）推動計畫」，
以整合政府部門政策及結合民間力量，推動施行 CRPD 之相關
政策及法令修改、提出國家報告與邀請國際專家審查等，固值

---

[4]　於此之法制化建置，僅揭櫫說明應予法制化之相關事項，有關各事項於各自
　　法制化之具體架構及內容等，當有待進一步檢討而予以明確具體。

肯定。惟要完全落實 CRPD 規定內容於國內施行，顯然尚有一段漫長而需持續努力的路途要走[5]。在此落實CRPD規定內容的過程中，除了長期細部而逐漸地整備及施行各項相關政策及法規修訂調整外，如得歸納整理 CRPD 所揭櫫的各項有關身心障礙者權利之基本原則如人權模式、法律前平等承認、反歧視、防虐待等，並以「基本法」方式，先予立法及施行者，則不論對身心障礙者就本身權利之理解及行使、社會大眾對身心障礙者權利之提升認識及更加尊重，必將有所助益。甚且於政府部門、民間團體推動 CRPD 落實，以及身心障礙者之照護者與身心障礙者日常互動之際，均得依循此基本法內容，而作為與身心障礙者相關政策、法規及決定之依循及判準者，當可期待CRPD 之逐步全面落實，而不是空待相關細部事項之擬定、調整及執行而已。

　　再者，綜觀現行身保法及 CRPD 施行法規定，其實並未突顯明揭身心障礙者之權利主體性及權利行使之主動性面向，卻仍然多是立於要求政府部門提供保障政策及措施為主。換言之，與其說是立於「身心障礙者之權利主體本位」，明揭「身心障礙者之權利行使」，不如說仍是立於「保障（護）者本位」，而臚列揭示相關保障（護）政策及要求之措施而已。從而，僅藉現行身保法及 CRPD 施行法規定，而圖落實 CRPD 之身心障礙者人權本位宗旨，不得不說是不足夠的。是以，整合身保法及 CRPD 施行法規定，歸納整理 CRPD 之基本原則，

---

[5]　人權公約施行監督聯盟擔任總協調，而由27個民間團體所共同製作之「2021身心障礙者權利公約平行報告」，可參https://covenantswatch.org.tw/portfolio/cw_2021-crpd-pr-2nd_ch/（最後瀏覽日：2023年1月11日）。

制定一部「身心障礙者基本法」，明揭身心障礙者（包括認知症者）之人權本位、權利行使、相關關係者之角色、應提供支援、反歧視、防虐待、身心障礙者權利事務的全國性專責單位及構建認知症友善社區、共生社會等原則，實有必要。

　　藉由「身心障礙者基本法」之制定及施行，以促進及提升公眾對於身心障礙者是主體，享有權利，權利行使應受保障之理解、認識、認同及實踐，進而逐步推動轉化公眾對於身心障礙者之認知文化，始得紮實而穩固地確保身心障礙者之權利及其行使之維護。同時，亦得令政府部門（包括中央及地方政府）因此明確地擔負制定及推動保障身心障礙者權益之相關政策及具體措施之義務，以落實身心障礙者權益之保障，故實不宜輕忽此法制之制定。

BOX 7-2　日本《障害者基本法》

　　日本現行《障害者基本法》係於 2011 修正施行迄今，以下幾點主要內容值得作為我國如制定身心障礙者基本法之參考：
- 與有無障害無關，作為享有同等基本人權而無可替代之個人，即應受尊重之理念（第 1 條）。
- 為實現相互尊重人格之共生社會，綜合及計畫性地推動障害者自主及支援社會參加之政策（第 1 條）。
- 基於社會模式重新定義障害者（第 2 條）。
- 以社區之共生作為基本理念（第 3 條）。

7-2-2 制定「認知症者基本法」

認知症者隨著認知能力的逐漸退化，當可能成爲身心障礙者，而得適用前述所謂身心障礙者基本法，並獲得一定保障之餘地。惟並不宜因此即逕將認知症者等同於身心障礙者。其次，如 Chapter 1-1 所示，台灣正迎向超高齡社會，可預期高齡者的大量增加，復因認知症之盛行率，將隨著人口高齡者比例的增加而提高。是伴隨高齡者的大量增加，亦代表著認知症者的增加趨勢。是爲因應此認知症者增加之可預見趨勢、保障認知症者權利及推動「構建認知症友善社區，深化共生社會」，則除前述身心障礙者基本法之制定外，仍有另定所謂「認知症者基本法」之必要。

例如日本雖於 2011 年已修正施行《障害者基本法》，惟爲促使中央及地方政府得確實因應 2025 年起，於日本社會每 5 位高齡者，可能即有 1 位係認知症者之趨勢（預估於 2025 年全日本將約有 700 萬之認知症者），仍於 2023 年 6 月通過制定《認知症基本法》（下稱「基本法」）[6]。基本法第 1 條第 1 項意旨即明揭，本法係爲認知症者享有尊嚴（即爲求活出自我所重視的想法及生活方式）及抱持希望而生活之目的，明定檢討、制定有關認知症事項之基本理念，以及中央及地方政府之責任。於同條第 2 項復明定實現共生社會係爲目標。另所謂共生社會，即指不僅是認知症者，任何人都得以本身熟悉、可

---

[6] 《認知症基本法》概要，https://www.fukushi.metro.tokyo.lg.jp/zaishien/ninchishou_navi/torikumi/kaigi/kaigi30/pdf/31kaigi30_sanko9.pdf（最後瀏覽日：2023年7月18日）。

得進行的方式而活躍，且認知症者得與其他人相互協力、安心共同生活而充滿活力的社會。再者，基本法之基本理念可整理為：(1) 應立於認知症者立場，尊重認知症者及其家屬之想法；(2) 深化國民對認知症之理解，不妨礙認知症者及其家屬不論居住於何處，均得以平順地經營日常社會生活，以及保有尊嚴地與其他人共生；(3) 妥適進行認知症者之意思決定支援，充分尊重其意向、保持其尊嚴，無間斷地提供保健、福利等服務；以及 (4) 不僅對認知症者提供支援，對其家屬及其他與認知症者之日常生活具密切關係者，亦應提供支援等[7]。

如 Chapter 3 所示，於我國社會普遍仍存在對於認知症之理解、認識不足，加上對於認知症者之污名化、負面化及標籤化，甚且如 Chapter 4 所示，對於認知症者虐待之情形下，如能藉由「認知症者基本法」之制定，除維護認知症者之尊嚴及保障其權益、促進民眾對於認知症之理解、認識外，亦更得明確賦予政府部門有關「構建認知症友善社區，深化共生社會」之相關義務，故實有研議制定「認知症者基本法」之必要。

BOX 7-3　美國 National Alzheimer's Project Act

前美國總統歐巴馬於 2011 年 6 月 4 日簽署 National Alzheimer's Project Act（NAPA），NAPA 明定美國衛生公眾服務部（Secretary of the U.S. Department of Health and Human Services）必須建立所謂「國家阿茲海默症計畫」，推動：
- 制定及推動一個整合的國家計畫，以克服阿茲海默症。

---

[7] https://www.frontier-gp.jp/solution-column/2023614-basic-act-on-dementia（最後瀏覽日：2023年7月18日）。

- 協調所有聯邦機構關於阿茲海默症之研究及服務。
- 加速開發預防、停止或逆轉阿茲海默症病程之治療處置。
- 改善阿茲海默症之早期診斷及照護處置之協調。
- 改善少數民族／種族人口處於罹患阿茲海默症之高風險結果。
- 與國際組織協調全球化地對抗阿茲海默症。

　　此國家計畫有 5 個基礎項目：

- 於 2025 年之前，預防及有效地治療阿茲海默症。
- 優化照護品質及效率。
- 擴大對於阿茲海默症及其家屬之支援。
- 強化公眾之認識及參與。
- 追蹤進展及推動改善。

　　NAPA 的細部內容或許未必適宜直接導入我國有關認知症因應之法制內，但就其設定專責機構、制定國家計畫、整合公私資源、強化公眾之認識及參與等做法，亦得作為我國如制定「認知症者基本法」之參考。

7-2-3 法制化支援決定機制

　　基於認知症者之主體性及自主性，應以支援決定機制取代代替決定機制，則建立由誰如何提供何種支援予認知症者之支援決定機制，甚而予以法制化，即關係到如何落實支援決定，如何確實保障認知症者之主體性及自主性，以提供實踐認知症友善社區、共生社會之更厚實價值及法制基礎，自屬重要課題之一。

　　支援決定機制法制化之做法，一是於各種不同法規所規定

意思決定情形（例如《民法》之意思表示章節、病主法之預立醫療決定部分等），予以增訂個別明文支援決定機制之具體內容；另一則是新訂支援決定機制專法，以統一及整合地規定支援決定機制。如從彰顯支援決定之重要性及執行之便易性，制定支援決定機制專法應較可行。而此專法當可包含 (1) 支援目的；(2) 支援原則；(3) 支援做法；(4) 支援者（supporters）類型、角色；(5) 支援監督及救濟機制等。惟仍有待進一步檢討及形成共識地持續推動。

　　於國際間不論是 CRPD 締約國或是醫學、法學領域之學者專家，雖就 CRPD 第 12 條規定之解釋及 CRPD 委員會對 CRPD 第 12 條規定所提出之意見（尤其是以支援決定機制全面取代代替決定機制、要求全面廢止監護制度等），仍存在保留或不同立場之情形，但亦有些 CRPD 締約國已積極嘗試依據 CRPD 規定及 CRPD 委員會之意見，調整國內有關監護制度、代替決定機制之現行法制，而分別採取獨立專法或修訂現行民商法之法制化方式（前者如愛爾蘭、後者如阿根廷），以正式導入支援決定機制，實值得我國於法制化支援決定機制時之參考及借鏡。另英國 MCA 法 [8] 雖非因應 CRPD 而制定，惟因英

---

[8] 有關英國MCA法之簡要介紹，可參Julian Hughe，〈英國《心智能力法》的法律架構、司法及臨床實務運作〉，載於陳炳仁主編，《心智能力受損者之自主及人權：醫療、法律與社會的對話》（元照，2019年6月初版），第3-17頁。Julian Hughe教授另於同書第172頁，就支援性決定機制及代替性決定機制之論爭，曾說明「在某一個層面上，我覺得是沒有差別的，你只要帶著良好的立意、善良的心，努力地思考到底這個人的最佳利益是什麼，想辦法來判斷，或者從《身心障礙者權利公約》的角度來思考。在這樣的狀況，不管是從哪一個觀點，代理性決策或支持性的決策不會有很大的差別。」等意見，此對不落入支援性決定機制及代替性決定機制之形式論爭，而回歸不論

國 MCA 法不僅明揭支援意思決定原則，並以本人的自主意思決定爲中心，且明文規定如何支援、支援角色爲何、支援之監督（例如 Office of the Public Guardin）及關於支援爭執之處理機制（例如 Court of Protection）等，就我國於法制化支援決定機制時，亦屬值得參考及借鏡的外國立法例之一。

　　另外，日本就支援決定機制，雖未法制化。但藉由行政機關如厚生勞働省制定所謂《認知症の人の日常生活・社会生活における意思決定支援ガイドライン》（認知症者日常生活及社會生活之意思決定支援準則）[9]及《身寄りがない人の入院及び医療に係る意思決定が困難な人への支援に関するガイドライン》（對無依靠者住院及有關醫療決定困難者之支援指引）[10]，以及民間團體推出各種意思決定支援指引〔如岡山意思決定支援プロジェクトチーム（岡山意思決定支援計畫小組）所推出「成年後見人等の意思決定支援に関するガイドライン」（成年監護人等意思決定支援指引）[11]等〕，是可謂日本實際上目前不只對認知症者等身心障礙者，而是以意思決定有困難者爲對象，全面推動實施支援決定機制。再者，日本弁護士連合會於 2015 年第 58 屆人權擁護大會亦曾提出應制定「意思

何種機制之原本目的，其實均在於「以本人爲中心」，尊重本人、求取本人最大利益來說，值得省思。

[9] https://www.mhlw.go.jp/file/06-Seisakujouhou-12300000-Roukenkyoku/0000212396.pdf（最後瀏覽日：2023年1月2日）。

[10] https://www.mhlw.go.jp/content/000516181.pdf（最後瀏覽日：2023年1月2日）。

[11] https://www.courts.go.jp/saiban/koukenp/koukenp5/ishiketteisien_kihontekinakangaekata/index.html（最後瀏覽日：2023年1月2日）。

決定支援法」之倡議報告 [12]，同值參酌。

7-2-4 制定「身心障礙者平等法」

　　認知症者之平等及不受歧視權應受保障，除已於 Chapter 3 論述說明外，依 CRPD 施行法第 2 條規定「公約所揭示保障身心障礙者人權之規定，具有國內法律之效力。」則 CRPD 第 5 條有關身心障礙者平等及不受歧視之規定，其實即已具有我國國內法之效力。是以，除於具體個案情形，即應依循上述 CRPD 施行法第 2 條及 CRPD 第 5 條與 CRPD 委員會之相關解釋，以落實保障認知症者之平等及不受歧視權外，實應擴大至通案適用之法制面，而儘速依循 CRPD 第 5 條意旨及 CRPD 委員會有關 CRPD 第 5 條之解釋（例如一般性意見第 6 號等），檢討、制定包括認知症者在內之所謂「身心障礙者平等法」。再者，如 Chapter 3-3 所示，IRC 於兩次結論性意見中，皆已明確建議我國制定保障身心障礙者不受歧視之綜合性反歧視法下，藉此「身心障礙者平等法」之法制化，而促進及提升公眾對於認知症之理解、認識，降低對於認知症之污名化及強化認知症者之權利行使，以更加尊重認知症者之主體性及保障認知症者之權利行使。

　　另由立法例而言，我國基於「為保障性別工作權之平等，貫徹憲法消除性別歧視、促進性別地位實質平等之精神」，於 2002 年 3 月 8 日已正式施行「性別工作平等法」。因此，

---

[12] https://www.nichibenren.or.jp/library/ja/jfba_info/organization/data/58th_keynote_report2_1.pdf（最後瀏覽日：2023年1月4日）。

就維護認知症者之平等權及消除對於認知症者之歧視，促進對於認知症者之實質平等，而制定包括認知症者在內之「身心障礙者平等法」般之「平等法」方式做法，不僅在立法實務上已有先例，而具有可行性；甚且於性別平等方面，既已有專門法制化，則跨越性別之認知症者及非認知症平等面向，是否更應有予以專門法制化之必要性？從而，依循 CRPD 第 5 條意旨及 CRPD 委員會有關 CRPD 第 5 條之解釋（例如一般性意見第 6 號等），檢討、制定包括認知症者在內之所謂「身心障礙者平等法」，實有必要。而如 Chapter 3 之 BOX 3-3 所示日本《障害者差別解消法》相關規定內容，亦得作爲我國制定「身心障礙者平等法」之參考。

7-2-5 制定「身心障礙者虐待防治法」

如 Chapter 4 所說明，認知症者確實屬於容易遭受來自他人（包括家屬、照顧者等）虐待之高風險族群之一。且依 CRPD 施行法及 CRPD 第 16 條規定而言，包括認知症者在內之身心障礙者本應享有「不受剝削、暴力及虐待」之權利。然依我國現行法制，我國就家庭暴力及性騷擾之防治，雖已分別制定及施行家暴法及性防法，但就身心障礙者所可能或已遭遇之虐待，雖有身保法第七章保護服務之規定，但仍有所不足（參照 Chapter 4-3-1-2）。是以，就認知症者之不受虐待，實應檢討、制定包括認知症者在內之「身心障礙者虐待防治法」，且如參考家暴法及性防法之立法例，則此防治法法制，當具有可行性及必要性，以求依循 CRPD 第 16 條意旨，而得以更完整身心障礙者之權利。另如 Chapter 4 之 BOX 4-3 所示

日本《障害者虐待防止法》相關規定內容，亦得作為我國制定「身心障礙者虐待防治法」之參考。

　　再者，為貫徹身體拘束最後手段性及致力「零身體拘束」目標之達成，有關身體拘束之原則、要件及程序等，自宜予法制化以供遵循。而因身體拘束往往可能進一步造成對於認知症者之虐待。是以，有關身體拘束法制化，實得納入「身心障礙者虐待防治法」，一併予以規範。

BOX 7-4　愛爾蘭意思決定支援法

- 愛爾蘭於 2015 年制定 Assisted Decision-Making (Capacity) Act 2015（ADMC 2015），而由於 ADMC 2015 係依循 CRPD 所制定，可謂是 CRPD 締約國將 CRPD 揭櫫之支援決定機制予以正式明文之國內立法，故其內容及施行亦受到國際間之注目。

- ADMC 2015 係以身心障礙者之人權基礎（human rights-based）為架構，廢止現行之監護制度，基於本人中心（person-centred）而極大化支援需要，以維護個人有關醫療財務等決定之自主（autonomy）。

- 於 ADMC 2015 除明揭能力推定原則、最大支援原則及禁止歧視原則等外，亦明文各種支援類型如決定支援（decision-making assistance）、共同決定（co-decision making）、代表決定（decision-making representative）等。同時並設置 Decision Support Service（DDS）負責 (1) 登錄各項支援類型設定與持續代理人（enduring power of attorney）註冊、(2) 監督各種支援者（supporters）之行為、(3) 受理及裁決有關支援決定的申訴等。

- ADMC 2015 另一項重要部分，是納入如「預先健康照護指示」（advance healthcare directive）關於臨終醫療決定等相關事項。

7-2-6 依循CRPD之《民法》法制調整

　　於我國現行《民法》法制下，是以意思能力為基礎，進而再以行為能力之程度（如完全、限制及無行為能力）進一步規範法律行為之效力。再者，於本人依法定程序經判認處於「精神障礙或其他心智缺陷，致不能為意思表示或受意思表示，或不能辨識其意思表示之效果」情形下，法院並得對本人為「監護宣告」（《民法》第14條第1項）。本人受「監護宣告」後，即全面喪失行為能力而成為「無行為能力人」（《民法》第15條）。亦即，受「監護宣告」之本人，原則上，除已無法於法律上再為有效之法律行為外，有關需本人意思決定而不涉法律行為之事項，甚有可能均將由所謂「監護人」（guardian），基於所謂「法定代理人」身分（《民法》第1113條準用《民法》第1098條第1項），而代替本人進行相關意思決定。簡言之，於我國現行《民法》法制下，基於評量本人意思能力之狀態，藉由「監護宣告」進而選定「監護人」，用以代替本人進行意思決定，而求保護本人之利益。於此「監護制度」下，本人實成為受保護之客體，而此保護之另一面，卻是剝奪了本人之行為能力。亦即，我國《民法》係基於意思能力之狀態，認定本人得否進行有效之法律行為，即基於所謂「能力模式」

（competence model），且同時採取所謂「代替決定機制」[13]。

　　相對於此，如前所述，依聯合國 CRPD 委員會所公布關於 CRPD 第 12 條之一般性意見第 1 號所示，CRPD 委員會明確表示任何基於意思能力之狀態，而剝奪法律能力及監護等代替決定機制之法制，均屬違反 CRPD 第 12 條以身心障礙者係為權利享有及權利行使之「權利主體」（holder/actor）之規定，應予以廢止，並須以提供「支援決定機制」取代「代替決定機制」，且應採取「最佳詮釋意願及喜好原則」以取代「最佳利益原則」。

　　另我國於 2014 年 12 月 3 日已正式生效 CRPD 施行法，而賦予 CRPD 規定內容具有國內法之效力。從而，即產生前述我國現行《民法》之能力模式及代替決定機制，確實存在不符合 CRPD 委員會所要求應廢止能力模式及代替決定機制，須改採支援決定機制之情形，進而發生前述《民法》規定與 CRPD 施行法規定衝突，則究竟應以我國現行《民法》或 CRPD 施行法為據之疑義。

　　就 (1) 身心障礙者之權利而言，CRPD 施行法較之《民法》，顯係處於「特別法」之地位，而《民法》則屬「普通法」。是依「特別法優於普通法原則」，則 CRPD 施行法自應優先於現行《民法》之適用。再者，(2) 依 CRPD 施行法第 3 條明文：「適用公約規定之法規及行政措施，應參照公約意

---

[13] 意定監護制度於預為選定監護人及約定監護內容而言，固可謂尊重本人之自主權行使；惟在意定監護下，就是否受監護宣告仍然是依本人之意思能力而定。是以，意定監護制度仍係違反CRPD第12條及CRPD委員會一般性意見第1號所示，不能以意思能力為據，而剝奪身心障礙者之法律能力之要求。

旨及聯合國身心障礙者權利委員會對公約之解釋。」及同法第4條規定:「各級政府機關行使職權,應符合公約有關身心障礙者權利保障之規定,避免侵害身心障礙者權利,保護身心障礙者不受他人侵害,並應積極促進各項身心障礙者權利之實現。」而言,明確要求必須依循CRPD意旨及CRPD委員會對CRPD之解釋外,同時要求各級行政機關行使職權應符合CRPD有關身心障礙者權利保障規定等,則CRPD施行法自應優先於現行《民法》之適用。最後,(3)我國在非屬CRPD簽約國情形下,仍以CRPD施行法之方式賦予CRPD國內法之效力,是如謂現行《民法》應優先於CRPD施行法之適用者,是否可謂反而是違反CRPD施行法之原意及漠視立法之背景。綜合上述,CRPD施行法理應優先於現行《民法》之適用[14],故行政及立法部門自應依循CRPD,基於認知症者係為權利享有及權利行使之權利主體地位,儘速調整修訂現行《民法》法制,以符合CRPD意旨及CRPD委員會對CRPD所做出之解釋。

---

[14] 相較於戴瑀如的〈由聯合國身心障礙者權利公約論我國成年監護制度之改革〉一文〔載於黃詩淳、陳自強主編,《高齡化社會法律之新挑戰:以財產管理為中心》(編著自刊,2019年4月2版1刷)〕僅論述於CRPD下如何調整現行民法有關監護制度,惟未明確指出CRPD委員會基於CRPD第12條規定,係要求締約國廢止監護制度之情形,而黃詩淳的〈從身心障礙者權利公約之觀點評析臺灣之見成年監護制度〉一文(載於黃詩淳、陳自強主編,《高齡化社會法律之新挑戰:以財產管理為中心》)雖明確指摘現行《民法》有關監護制度違反CRPD第12條規定之意旨,固值肯定。但因我國並非CRPD締約國,而是將CRPD以施行法方式予以施行於國內。是以,在身心障礙者權利規定部分,與其說是我國《民法》監護制度規定違反CRPD第12條規定,倒不如說是於同屬國內法之CRPD施行法及《民法》存在衝突情形下,應是CRPD施行法優先於《民法》監護制度規定之適用為宜。

BOX 7-5　監護人 vs. 支援決定機制

- 監護人是監護制度之主要角色之一。另監護制度可說是代替決定機制之代表性制度，故監護人更是代替決定者之代表性角色之一。是以，原則上，歸屬於代替決定機制之監護人即與支援決定機制互不相容才是。

- 然不論於英國 MCA 法之監護人或是日本法之「成年後見人」等外國法制，皆產生不再只是強調監護人之代替決定面，甚且逐漸要求及強化監護人之支援決定面，進而不偏斜於所謂「管理」、「監督」監護人之面向，反而更強調「支援」監護人得以協助本人進行自主決定之支援，而形成所謂「二重支援構造」狀況（即「支援」監護人，以「支援」本人自主決定）。

- 從而，就支援決定機制及代替決定機制而言，重點或許不在二分法式地對立及全面擇一，而是立於本人自主原則下之不同決定機制的應用而已。此際，支援決定機制之「支援者」與代替決定機制之「監護人」角色界限，似乎就已不再那麼地鮮明區隔，而於支援決定機制中，不再絕對排斥代替決定之可能，另代替決定機制也必須納入支援決定機制，以本人自主決定為先，代替決定必須是最後手段性，當目標都是尊重及支援本人之自主決定為原則，則兩機制就不再是對立而是共存吧！

7-2-7 調整保障認知症者近用司法權之法制

徒有權利如無法藉由司法，以確保 (1) 權利之行使、與 (2) 權利受侵害之虞時之預防阻止，以及 (3) 權利受侵害時之救

濟，則所謂認知症者是主體，權利享有及權利行使應受保障，將易流於空談，有如前述。是以，如 Chapter 5 之介紹說明，不僅 CRPD 於第 13 條明文身心障礙者之近用司法權，甚且聯合國亦發布「原則與指引」，可知保障認知症者近用司法權之重要性。

我國固於現行輔助及監護事件程序、民事／刑事／行政事件程序均明文身心障礙者近用司法權之相關規定，一定程度地得以保障認知症者之近用司法權。惟不可諱言，有關我國保障認知症者近用司法權之現行法制，仍存在不少有待持續調整及改善的部分：(1) 司法人員易忽略認知症者是權利主體，流於逕將認知症者解為受保護客體，未確保認知症者身為主體，對於相關程序所應有之自主及參與，而不自覺地損害認知症者之近用司法權；(2) 司法人員易基於所謂全有或全無意思能力之理解，抽象地判認認知症者有無意思能力，進而認定認知症者對於特定事項所為意思之法律效力之有無，卻忽略實應基於特定時間、就特定事項予以判認認知症者是否確無意思能力才是。同時，認知症者就特定事項，是否確無意思能力之判認程序（例如認知症者之參與、意見陳述等）、判認結果之救濟等（例如認知症者經判認不具意思能力之救濟等情形），現行法制之相關規定闕如，顯未能充分保障認知症者之近用司法權；(3) 將訴訟能力有無繫於意思能力有無之現行制度，明顯與 CRPD 施行法要求不能基於意思能力有無而剝奪法律能力規定，有所牴觸，亦有待調整；(4) 雖有特別代理人、輔佐人等現行制度，惟因特別代理人、輔佐人具有一定法定資格之要求，而真正能夠協助認知症者行使近用司法權之適任者，卻未必符合上述法定資格，進而得以特別代理人、輔佐人之身分，

以協助認知症者。是以，參酌《行政訴訟法》第 122-1 條第 4 項規定意旨，將陪同在場者制度，妥適調整擴大適用予民事／刑事訴訟事件，亦有待積極推動。尤其是參酌國外做法，整合現行特別代理人、輔佐人制度，檢討、建置更全面、更足以保障認知症者行使近用司法權之司法中介人制度，亦應是有待努力的課題。

　　基於上述，爲求更充分適切地保障認知症者之近用司法權，涵蓋提升司法人員對於認知症（者）理解之持續研習，以及前述現行相關法制調整，亦屬克不容緩的重要課題，以有助於「構建認知症友善社區，深化共生社會」。

7-3 從推動認知症友善社區到深化共生社會

7-3-1 必要性

　　醫療照護對於認知症者固然重要，但接受認知症治療之有限性，而不拘限於認知症者之「醫療面」，應重視認知症者之「人權面」，以及理解社會對於認知症者之日常生活所造成之不便性，更著眼於認知症者之「生活面」，以社區住民理解、認識、認同及實踐與認知症（者）共生關係爲基礎，進而基此共生關係而共同實踐構建降低或減緩造成認知症者日常生活障礙之社會環境，支持認知症者及其家屬積極參與社會，結合社區組織及民間企業共同致力「構建認知症友善社區，深化共生社會」，就尊重認知症者之主體性及保障認知症之權利與其行使，當是重要的課題。

　　且從 CRPD 所揭示關於障礙之理解，應從「醫療模式」轉換成「社會模式」進而「人權模式」下，致力於「構建認知症友善社區，深化共生社會」，以求降低甚至消除對於認知症者之「社會障礙」，不啻正符合 CRPD 所明揭基於「社會模式」／「人權模式」下，所應保障身心障礙者權益之要求。是為貫徹 CRPD 保障身心障礙者權益之要求，更突顯「構建認知症友善社區，深化共生社會」之必要性。

　　另如同 Chapter 7-1 所述，於醫院或機構內，長期接受醫療照護之認知症者實為有限，大多數的認知症者仍多與家屬居家共同生活，而在社區中維持著日常生活。是以，如何「構建認知症友善社區，深化共生社會」，以營造建立認知症者得有尊嚴而自在、安全及舒適地生活在熟悉及安心的環境，實有必要。

　　為「構建認知症友善社區，深化共生社會」，首先需要理解及掌握認知症者於日常生活中究竟可能遭遇什麼不友善之社會環境？而此除以居住各個不同社區之認知症者及其家屬為對象，進行更個別化之調查，予以具體特定外，整體而言，可知至少包括認知症者搭乘大眾交通工具的困難（例如過站未下車）、認知症者購物的不便（例如久立貨架前，卻一直不曉得如何購買）、認知症者於外食餐廳用餐受到不友善對待（例如用餐需較花時間，致遭頻繁催促進食），甚且認知症者於存提款之不便（例如記不得如何操作自動提款機）等，以至於造成認知症者之減少外出，降低與友人等之接觸，進而漸漸形成與社會疏離。而上述認知症者於日常生活中所可能遭遇的不友善社會環境，其實都可藉由社區組織及民間企業對於認知症者提供更友善的服務措施，即有獲得改善的可能。例如 (1) 提

醒下車服務（例如英國 Plymouth 市公車推出 Help Me Card 予
認知症者，卡片上可載明認知症者的下車車站，認知症者上
車時即可出示卡片予公車司機，由公車司機協助提醒認知症
者到站下車等）、(2) 於賣場配置「購物幫手」（shopping as-
sistants），以協助認知症者選購商品及結帳、(3) 設置認知症者
服務專屬櫃台，以協助認知症者自在從容地結帳或進行存提款
等、(4) 推介認知症者友善用餐餐廳等。

　　衛福部於前述綱領暨行動方案 2.0 中，即將「推動失智友
善社區」列為推動項目之一，同時並推出所謂《推動失智友善
社區工具手冊》[15]，以提供地方政府及基層單位執行、推動失智
友善社區時之規劃方向、原則與方法之參考。而民間團體方
面，除台灣失智症協會推出《友善社區指引手冊》，及持續推
動各種認知症友善社區之推廣合作單位如友善組織、友善商
家、友善醫療、友善交通、友善銀行等[16] 外，亦有眾多在地性
之社團組織於台灣各地熱烈地推動多樣化的認知症友善社區。
是由以上政府及民間推動認知症友善社區之狀況，可謂益加突
顯「構建認知症者友善社區，深化共生社會」之必要性。

BOX 7-6　認知症友善社區 vs. 認知症共生社會／共生社會

- 「認知症友善社區」及「認知症共生社會」是分別源自
  「dementia-friendly community」與「dementia-inclusive
  society」之中譯。惟兩者究竟有何不同？

---

[15] https://www.hpa.gov.tw/File/Attach/14119/File_16479.pdf。

[16] http://www.tada2002.org.tw/About/About/11。

- 國外有主張應使用「inclusive」，較「friendly」為佳。理由是「friendly」乙詞，仍具有父權式意味，且無甚意義（meaningless），因僅是採取所謂「friendly」之態度及做法，是沒什麼責任可言。甚且「dementia」用語亦可去除，強調著重「inclusive society」即可。因「inclusive society」就代表疾病不再成為標籤，且涵蓋社區中的每個人，不論是否存在障礙（disability），不問年齡大小，為達「inclusive」，社區必須能夠支援認知障礙。「inclusive」是個強而有力的字語，代表著責任（accountability）。相對於此，也有認為並非所有的認知症者都反對「dementia friendly」用語，「dementia friendly」可傳播對於認知症之認識，且未有過多的負面連結。

- 「friendly」，固是出於善意，但同時亦可感受到一種有所區隔之自他疏離感，而欠缺與認知症者互動，甚而投入支援之積極性。至於「inclusive」，確實具有認同及支援認知症者之積極意涵，亦可謂包含「friendly」在內。蓋既有「inclusive」之做法，理應也有「friendly」之態度才是。再者，認知症者與非認知症者既已是相互依存而共生於社會，則似亦不需立於非認知症者之角度，而強調與認知症者共生，重點就在大家（認知症者與非認知症者）一起深化「inclusive society」即是。從而，「inclusive society」（共生社會）就是核心。

- 然不論是使用「inclusive」，或是「friendly」，更重要的應是在尊重認知症者是主體、有尊嚴，除友善地與認知症者相處外，更積極地支援認知症者儘可能長久地得以生活在原本所熟悉的社區環境中，與大家相互依存而共生至終老。是以，用語固然重要，但用語背後所代表的實質意涵、目的，更應重視。

7-3-2 目標設定及做法

　　爲「構建認知症友善社區，深化共生社會」，目標設定得爲：(1) 增進社區居民對於認知症（者）之理解、認識、認同及去除對於認知症（者）之成見（例如設置營運認知症 Cafe，提供居民與認知症者直接交流的場域等）；(2) 改變個人及社區組織（含企業）對於認知症（者）之行爲（例如藉由與認知症者共同企劃壘球賽、徘徊救援之模擬訓練等）；(3) 超越差異及利益而相互連結、彼此支持（如雜貨賣場與認知症者支援團體共同合作，規劃建置認知症者友善購物環境等）；以及(4) 融入認知症者之想法，創新產品及服務（例如出動行動商店購物車到認知症者所居住之機構等）[17]。

　　由於不同的社區，居住著不同而多樣化的居民，同時亦存在著不同的居住環境，加上每個社區所具有之社會資源亦有所差異，因此不僅沒有如何成功「構建認知症友善社區，深化共生社會」之標準菜單（recipe），也不存在所謂單一、絕對而標準理想的認知症友善社區。而某社區成功推展的認知症友善社區模式，亦未必得快速而簡易地移植、複製到另一社區。是以，如何掌握己身社區之現況，明確居住社區中之認知症者於日常生活所已存在與可能發生之障礙及因素，連結／利用社區現有及可得之社會資源，結合認知症者及家屬等之參與等，當攸關「構建認知症友善社區，深化共生社會」之順利推動與否。惟於推動認知症友善社區，深化共生社會之構建及深化之

---

[17] http://www.dementia-friendly-japan.jp/en/wp- content/uploads/2016/04/Guide_to_a_DFC_2014e.pdf（最後瀏覽日：2023年7月25日）。

際，以下幾點得爲考量：(1) 改變民衆對於認知症之看法、態度，牽涉到文化轉換，並不能藉由一次性的短期活動即可達成；(2) 構建認知症友善社區必須是所有關係主體之長期推動；(3) 認知症友善社區應根基於核心價值，而不是有時間性之計畫或方案的整合而已；以及 (4) 與其只是搭配其他活動，認知症友善社區應涵括所有努力，致力於全部活動及日常生活，均納入（include）及增能（empower）認知症者，以長期改變社區對於認知症之看法[18]。

7-3-3 邁向共生社會：認知症者獨立生活及共生於社會之權利保障

於 Chapter 1-1-2 之 BOX 1-4 已提及 WHO 爲推動認知症共生社會，於 2021 年即推出「Towards a Dementia-Inclusive Society—WHO Toolkit for Dementia-Friendly Initiatives (DFIs)」（迎向認知症共生社會 —— 爲認知症友善倡議之 WHO 工具包）[19]，以作爲於世界各地推動認知症共生社會之參考。WHO 工具包主要分爲兩大部分，即 (1) 有關認知症之介紹資訊及理論架構及 (2) 介紹四個實用模組（展開新的 DFI、整合認知症至現有倡議、監視與評估 DFI 及擴大 DFI）。且WHO 工具包是以人爲中心（person-centred）、以權利爲本

---

[18] Alzheimer, *Disease International, Dementia Friendly Communities Key Principles*, p. 7, https://www.alzint.org/u/dfc-principles.pdf（最後瀏覽日：2023年7月26日）。

[19] https://iris.who.int/bitstream/handle/10665/343780/9789240031531-eng.pdf?sequence=1（最後瀏覽日：2023年11月10日）。

（rights-based）及聚焦於提升公眾對於認知症之認識（public awareness），以有助於社區努力達成「Global Action Plan on the Public Health Response to Dementia 2017-2025」（因應認知症之公共衛生全球行動計畫2017～2025年）[20]之願景。WHO工具包並明確揭示認知症共生社會之重要原則為 (1)participation（參與）、(2)multisectoral collaboration（多部門協作）、(3)coordination（協調）、(4)sustainability（永續）、(5)social environment（社會環境）及 (6)physical environment（物理環境），且分別舉出不同案例以說明如何落實上述各原則。

　　再者，復依 CRPD 第 19 條 Living independently and being included in the community 規定可知，認知症者得獨立生活及包容／融入而共生於社會，不僅是國家所負有應予構建如此共生社會之義務，更是認知症者之權利，應受到保障。締約國必須肯認社會網絡及自然形成之身心障礙者的社區支援（如友人、家屬及學校等），而作為支援決定的關鍵，以符合公約所強調身心障礙者的完全融入及參與社區。於我國推動「構建認知症友善社區，深化共生社會」時，當符合前述 CRPD 第 19 條規定意旨，且得於參酌 WHO 工具包之內容，再基於我國實情予以適切調整及執行，以求逐步早日落實「尊重認知症者係主體、認知症者為中心的價值導向」之共生社會。

---

[20] https://iris.who.int/bitstream/handle/10665/259615/9789241513487-eng.pdf?sequence=1（最後瀏覽日：2023年11月10日）。

BOX 7-7 **因應認知症之公共衛生全球行動計畫 2017 ～ 2025 年**

- 「Global Action Plan on the Public Health Response to Dementia 2017-2025」是於 2017 年 5 月,由第 17 屆 WHO 大會所採行。藉此行動計畫之採行,WHO 致力於協助個人及社區強化認知症者持續留在社會,以及成為社會的重要組成分子,而此並反映全球認知症行動計畫之全球目標 2.2(即於 2025 年之前,達成 50% 之國家至少有一個 DFI,以促進認知症共生社會)。

- 行動計畫共分為 7 共分為大領域,即為 (1)Dementia as a public health priority(認知症是一個公共衛生優先課題)、(2)Dementia awareness and friendliness(認知症之覺知與友善)、(3)Dementia risk reduction(認知症之風險降低)、(4)Dementia diagnosis, treatment, care and support(認知症之診斷、處置、照護及支援)、(5)Support for dementia carers(認知症照護者之支援)、(6)Information systems for dementia(對於認知症之資訊系統)及 (7)Dementia research and innovation(認知症之研究及新創)。

　　在每個人努力理解、認識、認同及實踐與認知症者共生情形,加上逐步持續地建置如 Chapter 7-2 所示之法制下,參酌 WHO 工具包之指引,期待認知症友善社區、共生社會之構建及深化,能夠穩定地推進,落實尊重認知症者之主體性及保障認知症者之權利享有及行使,而在此推進及落實之法建制及實踐經驗累積下,復可期待進一步擴展應用到其他疾病(例如罕見疾病等)或障礙(例如聾盲情形等),並得更積極擴大朝向

社會的每位成員均得生活於友善社區、共生社會[21]之境地，是為所盼。

BOX 7-8　以尊重認知症者係主體、認知症者為中心的價值導向為基軸

- 認知症者身為一個人，是權利享有、行使及應獲協助支援之主體，而不是被保護的客體。因此，有關認知症者之政策、措施、法制制定及調整，當應基於尊重認知症者係主體，而以認知症者本人為中心的價值導向為基軸，予以細部具體化及持續推動。
- 對於認知症者之理解、認識及認同，邀請大家能夠秉持上述基軸之價值觀，實踐友善認知症者，與認知症者共生，一起朝向友善社區、共生社會之構建及深化而邁進吧！

---

[21] 此共生社會（inclusive society）所指的，當不只是雙向式地非認知症者與認知症者共生之社會而已，而是此居住於社會中之每個人，不問性別、不分年齡、不論職業，全向式地大家相互依存而共生的社會。Zana Marie Lutfiyya & Nadine Bartlett, "Inclusive Societies," in *Oxford Encyclopedia of Inclusive and Special Education* (September 2020), pp. 1-17, https://www.researchgate.net/publication/352553356_Inclusive_Societies（最後瀏覽日：2023年8月4日）。

Memo

執筆者介紹

	執筆時職務／學歷	執筆
黃三榮	萬國法律事務所資深合夥律師 日本國立名古屋大學大學院法學研究科碩士、博士課程中退	Chapter 1（除Chapter 1-2-5） Chapter 2-4-1 Chapter 4～5 Chapter 7
林子堯	萬國法律事務所資深律師 東吳大學法律研究所財經法組碩士	Chapter 1-2-5
王孟如	萬國法律事務所合夥律師 美國喬治城大學法學院國際經濟貿易法法學碩士 美國紐約大學法學院法學碩士	Chapter 2-1～2-3
張家寧	萬國法律事務所律師 日本國立東京大學法學政治學研究科碩士（經濟法專攻）	
蕭千慧	萬國法律事務所助理合夥律師 國立臺北大學公共行政暨政策學系學士	Chapter 2-3
李育瑄	萬國法律事務所資深律師 日本早稻田大學法學研究科碩士	Chapter 2-4-2
謝明展	萬國法律事務所律師 國立臺灣大學法律學系商事法學組碩士	Chapter 2-4-3
彭瑞驊	萬國法律事務所資深律師 國立臺灣大學法律研究所公法組碩士	Chapter 2-4-4

	執筆時職務／學歷	執筆
林柏佑	萬國法律事務所資深律師 國立政治大學法律學系財經法組碩士	Chapter 3
林妙蓉	萬國法律事務所資深律師 日本國立東京大學法學政治學研究科碩士（商法專攻）	
李維中	萬國法律事務所助理合夥律師 國立臺北大學法學碩士（刑事法學組）	Chapter 6-1
吳采模	萬國法律事務所助理合夥律師 日本一橋大學大學院經營法碩士	Chapter 6-2

萬國法律事務所
「超高齡社會法制研究會」簡介

1-1 緣起及宗旨

　　萬國法律事務所「超高齡社會法制研究會」由黃三榮資深合夥律師於 2019 年發起設立，並由陳傳岳創所律師擔任會長，邀集就此議題有興趣投入之同仁，以醫療上意思決定為主軸，進行病主法等相關主題之研究，並進一步探討超高齡社會之財產管理及人身照護相關議題。

　　「超高齡社會法制研究會」所關注高齡者的法律議題，主要包含以下諸多層面：

(1) 高齡者之意思能力：涉及高齡者意思能力有無欠缺之認定（如罹患失智症時所為法律行為之效力）、當高齡者意思能力有欠缺時，聲請監護宣告、輔助宣告，以及於監護、輔助宣告下，可能產生之問題或如何預立意定監護契約？

(2) 高齡者之醫療：涉及高齡者接受醫療之決定，包括依病主法預立醫療決定（advance decision, AD）、指定醫療委任代理人（health care agent, HCA）、依《安寧緩和醫療條例》書立安寧緩和醫療之意願書程序及問題，及醫療方式之選擇，如在宅醫療，甚至尊嚴死問題等。

(3) 高齡者之照護：涉及高齡者接受照護方式之選擇及相關問題，包括長照契約之簽訂、居家照護設備、人員之安排，及高齡者虐待之防止等。

(4) 高齡者之財產處理：涉及高齡者信託（包括安養信託、退休金信託、財產傳承信託，及指定信託監察人等）、保險（包括年金保險、醫療保險、長照／失能保險）、遺囑（包括遺產分配、遺贈、遺囑信託、指定遺囑執行人等）、其他財產管理處分（如逆向抵押房貸）、生前契約（百年後告別式等事項）之預先規劃、設立、執行、監督、稅務及相關問題。

(5) 高齡者就業之問題：涉及高齡者之勞動條件調整、工作歧視等。

1-2 會員組成

　　「超高齡社會法制研究會」發起設立時由萬國法律事務所20位律師同仁組成。包括會長陳傳岳創所律師、副會長黃三榮資深合夥律師、多位合夥律師及律師。

1-3 例會主題

　　「超高齡社會法制研究會」固定每月舉行例會，由會員就特定議題，輪流提出報告後，再由出席會員就報告議題予以討論，交流意見。除此之外，亦不定期邀請所外專家學者及業界賢達蒞臨演講，持續充實會員專業知識、汲取學術及實務新知。歷年活動資料如下：

日期	主題	報告人（報告時職稱）
2019年1月11日	超高齡社會法制概觀	黃三榮資深合夥律師
2019年2月15日	醫療意思決定	黃三榮資深合夥律師
2019年3月15日	英國Mental Capacity Act簡介	駱建廷資深律師*
2019年4月19日	試評病人自主權利法	李維中助理合夥律師 彭瑞驊資深律師
	【邀請演講】 主題：病人自主權利法實務經驗推動分享 講者：臺北市立聯合醫院仁愛院區消化外科主治醫師兼一般外科主任許文章醫師	
2019年5月10日	超高齡社會的法律議題──「以房養老」之介紹及議題	陳誌泓合夥律師
2019年5月31日	【邀請演講】 主題：微霞與桑榆：面對老的定義 講者：台北榮總高齡醫學中心主任陳亮恭醫師	
2019年6月19日	AD之程序、內容、效力及變更	曾毓君助理合夥律師
2019年7月10日	律師與醫療委任代理人	陳彥銘商標專員*
2019年8月14日	論ACP之目的、主體、性質、定位與日本「關於人生最終階段的醫療照護決定過程之指導原則」之比較	李育瑄資深律師
2019年9月6日	美國法中之ACP──從紐約州法律觀察	郭曉丰助理合夥律師
2019年10月4日	病人自主權之外國法制──美國	王孟如合夥律師 蘇宏杰助理合夥律師*

日期	主題	報告人（報告時職稱）
2019年11月27日	【邀請演講】 主題：面對生命末期的智慧 —— 安寧療護和病人自主權利法的反思與討論 講者：樂山教養院張嘉芳院長	
2019年12月14日 2019年12月15日	【年終討論會】 超高齡社會法制研究會2019年RETREAT 主題：TPR (Thinking, Planning, Recording) for Aging	
2020年1月10日	HCA在做什麼？	黃三榮資深合夥律師
	（台）ＨＣＡ與（美）Durable POA比較	王孟如合夥律師
	Lasting Power of Attorney under Mental Capacity Act (England & Wales)	駱建廷資深律師*
	HCA與意定監護人之關聯	彭瑞驊資深律師
2020年2月14日	信託法制概述	蘇宏杰助理合夥律師* 吳采模助理合夥律師 李維中助理合夥律師
2020年3月13日	【邀請演講】 主題：高齡者常見信託規劃與實務 講者：國泰世華商業銀行信託部陳美娟經理	
2020年4月10日	因疫情停止舉辦	
2020年5月8日		
2020年6月12日		
2020年7月17日	「迎向超高齡社會，您更需要律師」研討會	

日期	主題	報告人（報告時職稱）
2020年8月14日	【邀請演講】 主題：高齡化社會保險與信託 講者：台北富邦商業銀行股份有限公司信託部羅鈞安經理、富邦人壽保險股份有限公司簡宏鈞業務經理	
2020年9月11日	長照法制概述	蕭千慧助理合夥律師 李育瑄資深律師
2020年10月16日	長照所涉法律議題	陳彥銘商標專員* 林子堯資深律師
2020年11月13日	意定監護契約之法制、簽訂與執行——以我國法為中心	曾毓君助理合夥律師
2020年12月12日 2020年12月13日	【年終討論會】 超高齡社會法制研究會2020年RETREAT 主題：律師於意思決定支援之角色	
2020年12月18日	【邀請演講】 主題：從裁判看資產傳承與遺族照顧 講者：國立臺灣大學法律學院黃詩淳教授	
2021年1月22日	高齡者事業傳承之部署——以股東權為中心	邱家慶律師* 林子堯資深律師
2021年2月19日	失智症患者意思表示之效力——財產行為	蕭千慧助理合夥律師 李育瑄資深律師
2021年3月12日	2021年專書出版檢討I	專書執筆會員
2021年4月9日	失智症患者行為對第三人之民事責任	吳采模助理合夥律師 駱建廷資深律師*
2021年5月14日	因疫情停止舉辦	
2021年6月11日		
2021年7月9日		

日期	主題	報告人（報告時職稱）
2021年8月13日	【邀請演講】 主題：不動產傳承案例 講者：傳承地政士事務所賴宗炘地政士	
2021年9月10日	2021年專書出版檢討II	專書執筆會員
2021年10月8日	失智症患者照顧者之責任	林柏佑資深律師 林妙蓉資深律師
2021年11月12日	失智症患者意思表示之效力 —— 身分行為	彭瑞驊資深律師 謝明展律師
2021年12月11日	【年終討論會】 超高齡社會法制研究會2021年RETREAT	
	失智症患者行為對第三人之刑事責任	林琮達資深律師
2021年12月17日	2021年專書出版檢討III	專書執筆會員
2022年1月21日	【邀請演講】 主題：認識失智症 講者：台北慈濟醫院李嘉富醫師	
2022年2月18日	【邀請演講】 主題：失智照顧的挑戰 講者：台灣失智症協會湯麗玉秘書長	
2022年4月1日	失智者之意思能力	王孟如合夥律師 張家寧律師*
2022年4月15日	失智者之財產管理I —— 論失智症病友之AFP	吳采模助理合夥律師
2022年5月20日	失智者之財產管理II	李維中助理合夥律師
2022年6月17日	失智者之醫療決定 —— 從荷蘭失智者安樂死案談起	謝明展律師

日期	主題	報告人（報告時職稱）
2022年7月15日	失智者之預為意思表示	蕭千慧助理合夥律師
	失智者之監護	彭瑞驊資深律師
2022年8月19日	失智者之民事責任	林子堯資深律師
2022年9月16日	失智者之刑事責任——刑事程序權利之保障	林琮達資深律師
2022年10月21日	失智者之照護——淺談身體約束手段	林柏佑資深律師 林妙蓉資深律師
2022年11月18日	2022年專書出版檢討	專書執筆會員
2022年12月23日	【邀請演講】 主題：人生最後十哩路——從高齡風險談保險規劃 講者：富邦人壽保險股份有限公司蕭玠浩業務經理	
2023年1月17日	Elder Law—Later Life Planning	黃三榮資深合夥律師
2023年2月17日	財產管理1——監護（guardianship）	王孟如合夥律師
2023年3月17日	2023年專書出版檢討I	專書執筆會員
2023年4月14日	財產管理2——監護之替代方法	林子堯資深律師
	2023年專書出版檢討II	專書執筆會員
2023年5月19日	2023年專書出版檢討III	專書執筆會員
2023年6月16日	2023年專書出版檢討IV	專書執筆會員

自2023年6月16日起，「超高齡社會法制研究會」原訂每月例會改為與「高齡者法共學會」例會共同召開。「高齡者法共學會」由萬國法律事務所黃三榮資深合夥律師於2022年發起，邀請就高齡者法（elder law）相關議題有興趣之學界及實務界先進一起共學。「高齡者法共學會」每年訂定年度主題（如2023年年度主題為「高齡者財產管理／保護」），並定期於雙數月舉行例會，由兩位成員就與年度主題相關議題進行引言後，成員間相互對話討論、共學成長。

註：＊標示者現已自萬國法律事務所離職。

Memo

家圖書館出版品預行編目資料

知症者之權利保障論——認知症之法律處方
箋／萬國法律事務所著. --初版. --臺北市：
五南圖書出版股份有限公司, 2023.12
面；　公分.

BN 978-626-366-739-6（平裝）

CST：高齡化社會　2.CST：失智症
CST：法規

4.81　　　　　　　　　112017922

4U34

認知症者之權利保障論
──認知症之法律處方箋

作　　　者 ― 萬國法律事務所

發 行 人 ― 楊榮川

總 經 理 ― 楊士清

總 編 輯 ― 楊秀麗

副總編輯 ― 劉靜芬

責任編輯 ― 黃郁婷

封面設計 ― 姚孝慈

出 版 者 ― 五南圖書出版股份有限公司

地　　　址：106台北市大安區和平東路二段339號4樓

電　　　話：(02)2705-5066　傳　　真：(02)2706-6100

網　　　址：https://www.wunan.com.tw

電子郵件：wunan@wunan.com.tw

劃撥帳號：01068953

戶　　　名：五南圖書出版股份有限公司

法律顧問　林勝安律師

出版日期　2023年12月初版一刷

定　　　價　新臺幣400元

Copyright © by Formosa Transnational Attorneys at Law

萬國法律事務所擁有本書之著作權

所有‧欲利用本書內容，必須徵求本公司同意※